SHODENSHA
SHINSHO

ヨーロッパの都市伝説

——歴史と伝承が息づく13話

片野 優
須貝典子

祥伝社新書

はじめに

歴史と伝統が脈打つヨーロッパは、怪奇譚《かいきたん》や都市伝説の宝庫である。それらは国境を越えて広く語り継がれてきた古い伝承もあれば、二〇世紀以降に成立した比較的新しい都市伝説もある。その中から、本書は信頼のおける文献や裏づけがあり、かつストーリー性の高い一三話を選んだ。

「都市伝説は若年層が読むもの」とのイメージがあるかもしれないが、歴史や文化、宗教から国際情勢までを包含《ほうがん》したヨーロッパの都市伝説は、知識と教養を備えた〝大人向き〟と言えると思う。

私たち（片野・須貝）は一九九一年よりオーストリア、ハンガリー、セルビアに暮らし、約三〇年間にわたって、北極を含むヨーロッパ三三カ国を取材してきた。そして多くの国や地域を訪れるなかで、その地方特有の風習や有名な伝説に直接触れてきた。「それらを一冊にまとめては」との申し出を祥伝社新書編集部からいただき、改めて調べてみた。すると資料を渉猟するなかで新事実を見つけたり、現地に足を運ぶことで未発表の事象を掘り起こしたりすることができた。

たとえば、「第7話　六五〇人の処女を生贄《いけにえ》にした伯爵夫人」では、伯爵夫人バートリ・エリザベートは殺人鬼ではない可能性が浮上した。また、「第9話　ルートヴィヒ二世の幽霊」を調べていくうちに、ヨーロッパの近代政治とのかかわりが明らかになった。「第10話　怪僧ラスプーチン暗殺の謎」では、それまでのラスプーチン像――ロシア帝室に巧《たく》みに入り込み政治に口を出した――を覆《くつがえ》すような見方が生まれた。

「第12話　現代によみがえった吸血鬼」で取り上げる、日本でもおなじみの吸血鬼は、怪奇小説の傑作『ドラキュラ』からルーマニアがルーツとされることが多いが、意外にも、私たちが暮らしているセルビアが発祥の地だった。その証拠となる世界最古の文献（一七二五年のオーストリアの新聞）によって、これまでの吸血鬼史が塗り替えられるかもしれない。

「第3話　実在した『呪いの人形アナベル』」や「第4話　最強の心霊現象・エンフィールド事件」などは、それらを題材にした映画と比べてみるのも面白いだろう。

これら一三話は「呪い」「怪奇現象」「事件」「歴史の闇」「伝承」の五つのカテゴリーに分類して紹介しているが、一話ごとに完結しており、どこからでも読むことができるようになっている。

著名な推理作家パトリシア・コーンウェルが謎解きに挑んだように（第8話　二一世紀に暴かれた、切り裂きジャック）、読者の皆さんも謎解きを楽しんでいただけたら、著者としてこれほどうれしいことはない。時に背筋が寒くなることもあるかもしれないが……。

二〇二一年一月

片野《かたの》　優《まさる》
須貝《すがい》典子《のりこ》

目次

はじめに　3

第一章……呪い

第1話　自殺を誘発する曲『暗い日曜日』　14
自殺の聖歌／日本にも上陸／歌詞を訳すと……／死へ誘《いざな》うメロディー／誕生した背景／ユダヤ人として／作曲者の自殺／今でも演奏されている店／自殺展覧会

第2話　火事を招く絵『泣く少年』　34
不幸になる絵／焼け跡に残った一枚の絵／新聞報道／その後も続いた被害／科学

的な分析／二度も被害に遭った女性

第3話 実在した「呪いの人形アナベル」 46

映画は実話だった！／人形の怒り／魔力を封じ込めようとしたが……／悪霊への対処法／撮影現場で起きた怪奇現象／ロレインの特殊能力

第二章 怪奇現象

第4話 最強の心霊現象・エンフィールド事件 62

映画大ヒットの陰で／タンスが瞬間移動／本格的な調査／証言者たちの記録／霊が明かした身元／心霊現象研究協会／ウォーレン夫妻の真実／心霊現象が起きた理由／現在の住人に聞くと……

第5話 バチカンが正式に認めた、ファティマの奇跡 86

奇跡の前兆／聖母マリアの出現／二度目の出現／三度目の出現と予言／妨害された四度目の出現／五度目の出現と奇跡／六度目の出現と聖母の望み／フランシス

コが取った行動／ジャシンタが受けた啓示／第一の予言・地獄の幻視／第二の予言・ロシア革命と第二次世界大戦／第三の予言の謎／正式発表の矛盾／日本で起きた奇跡／歴代教皇の隠蔽／聖母マリアはＵＦＯに乗っていた!?

第6話　ドッペルゲンガーを目撃した有名人　118

ドッペルゲンガー現象とは／**分身を目撃したケース**①イングランド国王エリザベス一世②ロシア皇帝エカチェリーナ二世③アメリカ大統領リンカーン／**死を告げに来たケース**①詩人ジョン・ダン②海軍中将トライオン卿／**分身に話しかけられたケース**①詩人シェリー②作家モーパッサン／**目撃したり、されたりしても死ななかったケース**①文豪ゲーテ②議員ラッシュ卿／**作品の中のドッペルゲンガー**①『源氏物語』（紫式部）②『帰郷』（ハイネ）③『歯車』（芥川龍之介）／心が見せるのか、脳が見せるのか

第三章……事件

第7話　六五〇人の処女を生《いけ》贄《にえ》にした伯爵夫人　140

『ベルばら』にも登場する女性／異常者が多い家系／連続殺人事件／ハプスブル

ク家への抵抗／〝不都合な〟新事実／冤罪か、それとも……／伝説が広まった理由

第8話 二一世紀に暴かれた、切り裂きジャック 158

二〇一九年に判明！／最初の被害者／割り出された容疑者／内臓が取り出されなかった理由／犯人の落書き／最後の犯行／犯人からの手紙／殺害予告／送られてきた腎臓／犯人は王室関係者!?／有名作家が謎解きに挑戦／ＤＮＡ鑑定／犯人は女性だった!?

第四章……歴史の闇

第9話 ルートヴィヒ二世の幽霊 194

幽霊に導かれた失踪事件／バイエルン王国の若き王／ワーグナーが予見した未来／ビスマルクに敗北／謎に包まれた最期／自殺説を否定する新証言／幽霊の予言

第10話　**怪僧ラスプーチン暗殺の謎**　214
不思議な能力／ニコライ二世との謁見／祈禱による治療／政治への関与／暗殺／なぜ毒物では死ななかったのか／イギリス関与説／的中した予言／巨根伝説

第11話　**天才科学者ニコラ・テスラの未開発技術**　236
セルビアの誇り／神童の悩み／エジソンとの出会い／電流戦争／結婚と研究は両立しない!?／エネルギーが無料になる「世界システム」／Ｐ＆Ｇ創業者の子孫と「フリーエネルギー」／軍艦が消えた「フィラデルフィア実験」／「３・６・９」の謎

第五章……伝承

第12話　**現代によみがえった吸血鬼**　262
詩人バイロンの怪奇談義／吸血鬼のモデル「串刺し公」／ヨーロッパ最古の記録／メドヴェジャ村の吸血鬼事件／セルビアの風習／ドラキュラとの違い／吸血鬼サ

ヴァ・サヴァノヴィッチ

第13話　ユダヤ教の人造人間ゴーレム　282

動く泥人形／ラビ・レーヴの魔術／ゴーレムが動いた！／製造方法／ルーツを探る／錬金術師とホムンクルス／三三年ごとによみがえる

おもな参考文献　297

[写真出所]

著者／第1話上、第7話右上、第9話上、第11話下、第12話、第13話

Public Domain／第1話下、第2話、第4話、第5話、第6話、第7話左・右下、第9話下、第10話、第11話上

PPS通信社／第3話、第8話

[写真レイアウト]

篠 宏行

[本文デザイン]

盛川和洋

第一章 呪い

第1話——自殺を誘発する曲『暗い日曜日』

自殺の聖歌

聴いただけで死にたくなる——。ハンガリーで一五七人、全世界で数百人が自殺または不可解な死を遂げたと言われるのが、「自殺ソング」と呼ばれる『暗い日曜日』だ。この曲は、一九三三年にハンガリーの首都ブダペストのドハーニ通りにあるクラーチというパブで生まれた。作曲者はこの店でピアノの弾《ひ》き語りをしていた三十代半ばの男、シェレシュ・レジェー（次ページ下段の写真）である。なお、ハンガリーでは日本と同じく姓↓名の順なので、シェレシュが姓でレジェーが名となる。

シェレシュは正式に音楽を学んだことがなく、メロディーは作れても楽譜が書けない。そのため、アラニー・コーネルという音楽アカデミーを卒業した若者に作譜を依頼した。上がってきたのは、Ｃマイナーの三連符が並ぶ楽譜だった。

一説では、シェレシュは恋人が書いた詞に曲をつけて著名な出版社に投稿したが、暗す

上／ハンガリーの首都ブダペストの中央を流れるドナウ川と鎖橋。その夜景は幻想的だ。下／作曲者シェレシュ・レジェー

ぎるとの理由で送り返されたという。そこで、ヤーヴォル・ラースローの詩集『暗い日曜日』から詩を取り、ロマ音楽を専門とする出版社に持ち込んだものの、ほとんど反響はなかった。

この曲が日の目を見るのは一九三五年、人気シンガーのカルマール・パールがレコーディングしてからである。『悲しい日曜日（Szomorú vasárnap）』としてラジオで紹介されると、アンニュイな旋律と低音の気だるい歌声はたちまち人気を博した。なお日本語タイトルは、フランス語版『Sombre Dimanche（暗い日曜日）』から翻訳される際に『暗い日曜日』となった（以下、『暗い日曜日』で統一）。

ところが、シェレシュとヤーヴォルのもとに凶報が次々に舞い込んでくる。

まず、二人が楽しみにしていた『暗い日曜日』の放送が突然中止になった。番組を企画したラジオ局のディレクターが急死したのだ。さらに、ある少女が毒薬を飲んで自殺した現場には、『暗い日曜日』の楽譜が置かれていた。その一週間後、財務省官吏のレディック・ラースローがタクシーの中で拳銃自殺をはかったが、遺書のかたわらには、血まみれの『暗い日曜日』の楽譜があったという。

このような不幸が重なった結果、同年一一月七日付けの新聞には「殺人のヒット曲」という見出しが躍ることになる。
翌一九三六年二月、靴屋のケラー・ヤーノシュが死亡した。現場に駆けつけた警官は、そこで奇妙な紙片を発見する。「……悲しい日曜日　苦しさに耐えかねたら　私はいつか日曜に死のう……」。『暗い日曜日』の歌詞が綴《つづ》られていた。警官は、「またか」と心中でつぶやいた。同様のケースは、ブダペスト市内で一七件も起きていたからだ。

また、バーで酒を飲んでいた初老の紳士が、テーブルを回ってきたロマ楽団に『暗い日曜日』をリクエストした。曲の途中、紳士は席を立って店の外に出たあと、銃声が音楽をかき消す。驚いた客が店を飛び出すと、自分の頭にあてた拳銃の引き金を引いた紳士が地面に転《ころ》がっていた。

次の事件もバーで起こった。やはりロマ楽団がこの曲を演奏し始めると、バンッと入口のドアが開き、いきなり二人の男がなだれ込んできた。次の瞬間、バーに銃声が響きわたると、その二人が血まみれになって倒れた。なんと、同時に二人の男が自殺したのだ。

被害者は成人男性にとどまらない。ある日、ブダペストの中心を流れるドナウ川に一四歳の少女の死体が浮かんだ。蠟《ろう》のように白く硬直した腕には、しっかりと『暗い日曜日』のレコードが抱きしめられていた。世をはかなんだ入水《じゅすい》自殺である。

多くの人に不幸をもたらしたこの曲は、作曲家シェレシュの身にも跳《は》ね返ってくる。『暗い日曜日』が大ヒットして、脚光を浴びることになった彼は、曲を生むきっかけとなったかつての恋人に連絡を取った。「あの頃とは比べものにならない、有名な作曲家になったのだから、自分を祝福してくれるだろう。あわよくば、よりを戻せるかも」との思いもあったかもしれない。

しかし翌日、彼女は毒を飲んで命を絶《た》つ。遺書には「悲しい……日曜日」と記されていた。

日本にも上陸

なぜ、多くの自殺に『暗い日曜日』がかかわっているのか。フランスのラジオ局は心理学者に依頼し、曲と自殺の因果関係を調査したが、立証できなかった。結局、ハンガリー当局は、この曲をラジオで流すことを禁止した。

この頃には、世界各国でリメイクされている。アメリカでは一九三六年、『Groomy Sunday（暗い日曜日）』としてジャズのサクソフォン奏者ハル・ケンプがカバー。その後、ルイ・アームストロング、ビング・クロスビー、フランク・シナトラ、ポール・ロブソン、レイ・チャールズなど大物アーティストが歌っている。

フランスでは、シャンソンの大御所ダミアが『Sombre Dimanche（暗い日曜日）』を情感豊かに歌い上げ、恋する者たちの涙を誘った。

ドイツでは『暗い日曜日』は、最初に『Einsamer Sonntag（孤独な日曜日）』として発表されている。また、一九九九年にハンガリーと共同製作された映画は、ドイツ語タイトルが『Ein Lied von Liebe und Tod（愛と死の歌）』と、格調高いものなっている。

最終的には二八言語一〇〇カ国以上で翻訳、カバーされたが、並行してこの曲にまつわる悲劇も各国から報告されるようになった。

アメリカのニューヨークでは、ガス自殺した女性の遺書に「自分の葬式に『暗い日曜日』をかけてほしい」と記され、ドイツのベルリンでは、若い女性が首つり自殺した現場には『暗い日曜日』のレコードが置かれていた。

イタリアのローマでは、自転車に乗った少年が川に落ちて溺死《できし》する事故が起きた。捜査の結果、事故の直前、少年は浮浪者とすれちがったことがわかった。事情聴取された浮浪者は、「俺は何もしてねえ。歩きながら『暗い日曜日』を歌っていただけだ」と答えた。

やがて『暗い日曜日』は、ヨーロッパでは「自殺の聖歌」、世界的には「自殺ソング」

と呼ばれるようになった。

日本では、前述のダミアが歌った曲がフランスから輸入され、日本語バージョンとしてレコード化された。アーティストを挙げてみよう。

燕尾服《えんびふく》を着て直立不動で歌う姿が印象的な東海林太郎《しょうじたろう》、コメディアンの「エノケン」こと榎本健一《えのもとけんいち》、ブルースの女王の淡谷《あわや》のり子。宝塚《たからづか》歌劇団出身の越路吹雪《こしじふぶき》は、シングルで発表している。好んで歌い、アルバムに収めているのは、カリスマとしてオーラを放ち続けている美輪明宏《みわあきひろ》だ。他に戸川昌子《とがわまさこ》、岸洋子《きしようこ》、金子由香利《かねこゆかり》、夏木《なつき》マリ、加藤登紀子《かとうときこ》など錚々《そうそう》たるメンバーが、この曲を歌っている。

他国と同様に、悲劇も起きている。『暗い日曜日』にかかわったサックス奏者の阿部薫《あべかおる》は、カバーから七年後に睡眠薬九八錠を飲み、二九歳の若さでこの世を去った。元妻で作家の鈴木《すずき》いずみも自宅で自殺を遂げている。

歌詞を訳すと……

はたして、多くの人々を自殺に追い込んだ歌詞とはどのようなものか。

原曲（ハンガリー語）の一番は、主人公の「私」が日曜日に教会で祈りを捧《ささ》げ、来ない恋人を待っている。たくさんの白い花に囲まれて「飲みものは涙だけ」と低く不気味につぶやくように歌う。二番では、「私」はすでに自殺していて、死体の目は見開いている。そこへ来た恋人に、「怖がらないでね」と呼びかけるものだ。
日本語の訳詞は複数あるが、訳者によって差異が認められる。そこで、私がハンガリー語の歌詞を訳してみた。

悲しい日曜日
愛しい人　一〇〇本の白い花を持って
教会でお祈りしながらあなたを待ってたの
日曜の朝　夢を追いかけて
悲しみの馬車はあなたを乗せずに戻ってきた
その時から日曜日はいつも悲しい
飲みものは涙だけ　悲しみが私のパン
悲しい日曜日

愛しい人　最後の日曜日に私のところに来て
司祭　棺　葬儀場　喪服もあるわ
花もある　花と……棺が
私は最後に花咲く木々の下を旅する
私の目はあなたをもう一度見るために開かれる
私の目を怖がらないでね
私は死んでもあなたを祝福しているのだから
最後の日曜日

（訳・著者）

確かに、心地好《ここちよ》い詞ではない。しかし、人間を死に向かわせる魔力が潜《ひそ》んでいるとは、とても思えない。謎は深まるばかりだ。イギリスの国営放送ＢＢＣの対応にヒントがあるかもしれない。

死へ誘《いざな》うメロディー

一九三〇年代のイギリスでは、『暗い日曜日』の歌詞が自殺を誘発すると考えられていた。そのため、ＢＢＣ（ラジオ）は楽器演奏のみの曲を流した。ところが、直後にリスナーが自殺してしまう。以後、ＢＢＣは楽器演奏も含めて、放送禁止処分とした。歌詞のみに原因があるわけでなく、メロディーにも自殺へ導《みちび》く力があると考えたからだ。

『暗い日曜日』の各国語版を聴き比べてみると、言語によって受ける感じは大きく異なる（あくまで私の印象ではあるが）。たとえば、ダミアのフランス語版は哀愁を帯びたシャンソンだが、ドイツ語版は武骨な印象を受けるし、英語版はポップス調に聴こえる。しかし、いずれも繰《く》り返し聴いていると、耳に残った音がリフレインして気分が沈んでくる。

　ここで、音楽がどのように人間の心に作用するかを考えてみたい。一般にメロディー、テンポ、音の強弱、楽器の種類、さらに歌詞の内容などの要素が組み合わされることで、人間は元気になったり、センチメンタルになったりする。

　たとえば、七音音階「ドレミファソラシ」のうち、四番目「ファ」と七番目「シ」の音を抜いた五音階で成立するヨナ抜き音階がある。ヨナ抜き音階は日本の民謡やわらべ歌、演歌などに採用されている。新しいところでは、きゃりーぱみゅぱみゅの『にんじゃりばんばん』、ＡＫＢ48の『恋するフォーチュンクッキー』、サカナクションの『夜の踊り子』などがそうだ。一般に、ヨナ抜き音階で作った曲は覚えやすくて口ずさみやすい。さらに、和風の印象を感じさせ、日本人の心に訴えると言われている。

いっぽう、箏《そう》や三味線《しゃみせん》の曲に使用される、日本の伝統的な陰音階《いんおんかい》（陰旋法《いんせんぽう》）は「レ」「ラ」「シ」にフラットがつき、憂《うれ》いのある渋《しぶ》めの旋律となる。一般に半音下げるフラットのつく曲は悲しげな響《ひび》きがあるが、『暗い日曜日』は「ミ」「ラ」「シ」にフラットがついている。

また、三拍子のワルツは優雅で、二拍子のマーチは人を鼓舞するが、『暗い日曜日』に使用されている三連符は人の心を不安にさせるという。

近年、ソルフェジオ周波数という音階には、病《やまい》を自然治癒《ちゆ》させる力があると考えられるようになった。周波数とは空気が一秒間に振動する回数を表し、周波数の単位Hz《ヘルツ》の数値が大きいと高い音、小さいと低い音になる。そして、ソルフェジオ周波数の九つの周波数は、人間の心身に特別な効果をもたらすとされている。

たとえば、「解放の周波数」と呼ばれる三九六Hzは罪の意識・トラウマ・恐怖・不安から解放する効果が期待でき、「奇跡の周波数」と呼ばれる五二八Hzは過度なストレスにさらされて傷ついたＤＮＡ細胞を修復する力があるという。ちなみに、ビートルズの『トゥモロー・ネヴァー・ノウズ（Tomorrow Never Knows）』は、ジョン・レノンが五二八Hzで作曲した歌だというから、自然治癒力が期待できそうだ。

　これらとは逆に、ネガティブに作用する周波数もあるというから、『暗い日曜日』と自殺の関係については、周波数が鍵を握っているとも考えられる。

誕生した背景

『暗い日曜日』がヒットしたのは一九三〇年代。具体的には一九二九年の世界恐慌から、一九三九年に始まる第二次世界大戦の期間である。重苦しく不穏な世相が、人々を自殺に駆りたてたと考えられなくもない。

　ハンガリーは、九世紀末にアジアからヨーロッパに移住してきたマジャール人によって建国されたハンガリー王国を起源とする。一六世紀には南部をオスマン帝国、北部をオーストリア大公国に支配され、一八世紀にはほぼオーストリア領となった。一八六七年にようやく自治権が認められ、オーストリア＝ハンガリー帝国となったが、かえって災《わざわ》いした。

　第一次世界大戦ではオーストリアと共に敗戦国となると、スロバキアなど国土の三分の二を失い、六三あった県は二五に激減した。しかも、ハンガリー語を母国語とする三〇〇万人が周辺諸国に置き去りにされ、約三五万人の難民が押し寄せた。

財政難に陥《おちい》ったハンガリーは、一九二四年に国際連盟に借款《しゃっかん》を申し出る。その条件として財政引き締め政策を受け入れたことで、三万五〇〇〇人が職を失った。追い打ちをかけるように、一九二九年にアメリカ・ウォール街で株式の大暴落が起こり、世界恐慌へと発展すると、主要産業の農産物価格は大幅に下落した。

一九三二年の工業生産は、一九二九年比で二四パーセント減となった。二〇万人が失業し、失業を免《まぬか》れた者たちも労働時間の短縮や一時帰休を余儀なくされた。金融機関も大打撃を受け、預金者は銀行に殺到したが、まもなく預金は引き出せなくなった。政府はやむなく銀行を閉鎖した。

このように、『暗い日曜日』がヒットした当時、ハンガリーでは物価が高騰し、街には失業者や難民があふれていた。先が見えない人々は不安を募《つの》らせていたに違いない。他方、時間を持て余した人々は、刹那《せつな》的な恋に走る土壌が整《ととの》っていたとも言える。この歌を作った二人も、例外ではなかった。

作詩者のヤーヴォルは当時二六歳、雑誌『朝八時のニュース』で取材記者をしていたが、夫ある女性と恋に落ちた末に別れ話が出ると、「どちらかが死を選ばねば」と思い詰めていたという。作曲者のシェレシュは前述のように、別れた恋人を想《おも》って作曲したとされるが、翌年には不倫相手だった元将校の妻と結婚している。

『暗い日曜日』は、希望のない時代を生きた作詞者と作曲者の二人が各々抱《かか》えていた恋愛の悩みの中から生み出された歌だったのだ。

ユダヤ人として

シェレシュが『暗い日曜日』をバーで弾いていた一九三三年は、アドルフ・ヒトラーがドイツの首相に就任した年でもある。

シェレシュは、ブダペストのユダヤ人地区で生まれ育ったユダヤ人である。今もドナウ川西岸からエリザベート橋を渡って左に曲《ま》がると、二つの塔がそびえるシナゴーグ（ユダヤ教会）が見えるが、当時は世界で二番目の大きさを誇り、周辺はユダヤ人街だった。

貧しい暮らしをしていたシェレシュは、サーカスに通っていたところを団員にならないかと誘われる。彼は空中ブランコや玉乗りなど、華《はな》やかなエンターテイナーに憧《あこが》れたが、入団テストの時にロープから落ちて、病院に担《かつ》ぎ込まれてしまう。その病院で俳優と知り合い、退院後はサーカスの団長ブルーノが経営するパブで俳優として働くことになる。

シェレシュは、舞台裏の古いピアノを見様見真似《みようみまね》で弾いていた。いつものように一人でピアノを演奏しているところへ、ブルーノが通りかかる。「イケるじゃないか！」。以後、自作の曲を弾きながら、詩を朗読するパフォーマンスをするようになった。

やがて『ワン・モア・ナイト(Még egy éjszaka)』という曲をヒットさせた。冬のコートも買えない暮らしから、ようやく一人前に稼げるようになった。

一九二三年以降の一〇年間は、彼の人生でもっとも充実していた時期だった。約四〇曲の作詩と『暗い日曜日』を含む六〇曲を作曲し、ニックネームはそれまでの「チビのシェレシュ」から、「作曲の小さなグランドマスター」へと替わった。彼は作詩作曲のかたわら、日が落ちるとユダヤ人街のバーでピアノを弾いていたが、店には常連のほか、多くの女性客が押し寄せ、むせび泣く声が聞かれたという。

一九三九年に第二次世界大戦が始まると、ハンガリーはナチス・ドイツと同じ枢軸国側に与《くみ》して参戦する。国内ではユダヤ人排斥が進められ、多くのユダヤ人が強制収容所へと送られた。

シェレシュの母親も、「二度とは帰れない天国への道」と呼ばれた並木道を通ってウクライナの強制収容所へ送られ、そこで亡くなった。いっぽう、シェレシュは奇跡的に生き延《の》びた。『暗い日曜日』の作曲者であることを知ったナチス・ドイツの兵士が、強制収容所から逃してくれたのだ。多くの命を奪った「自殺の聖歌」が、彼の命を救ったわけだ。

作曲者の自殺

戦後まもない一九四九年、戦時中に爆破されたブダペスト市内のドナウ川にかかる鎖《くさり》橋が再建された。橋の開通一〇〇周年を祝う記念式典では、政府から依頼されてシェレシュが作曲した曲が披露された。『暗い日曜日』は放送禁止のままだが、彼は国を代表する作曲家になっていた。

　戦争に敗れたハンガリーはソ連傘下の東側陣営に組み込まれて共産主義国となったが、早くも一九五六年に自由を求める民衆運動が起こった。いわゆる「ハンガリー動乱」である。しかし、ソ連の圧倒的武力の前になす術《すべ》はなく、失敗に終わる。この時、二〇万人が国外へ亡命した。

　シェレシュは当時、『暗い日曜日』の莫大な著作権料が、アメリカの銀行口座で凍結されていた。共産主義のハンガリーへは個人あての送金ができなかったからだ。アメリカでも名を知られていた彼は移住すれば、大金をつかむこともできた。しかし、彼はハンガリーにとどまった。

一九五〇年代から一九六〇年代にかけて、エルビス・プレスリー、ビートルズ、ローリング・ストーンズなどロックンロールが流行すると、シェレシュは新たな時代についていけず、晩年は鬱《うつ》状態だったという。

一九六八年一月一一日、シェレシュは自宅アパートの窓から投身自殺を試《こころ》みる。だが、死にきれず、病院でみずからの首に巻きつけたワイヤーを引っ張った。享年六八歳。

彼は生前、『暗い日曜日』について、次のように語っていた。「この曲が売れれば売れるほど不幸になる。なぜなら、次はこれほどのヒット曲は書けないだろうから」。

今でも演奏されている店

私は一〇年ほど前、シェレシュが弾き語りをしていたキシュピパ（kispipa）を訪ねたことがある。地元では、誰もが知る有名レストランである。

店に入ると、白いテーブルクロスの上にナイフとフォークが几帳面《きちょうめん》にセッティングされ、清潔でこぢんまりした印象を受けた。おすすめは、ハンガリー風ロールキャベツのテルテット・カーポシュタ、チキンをパプリカパウダーで煮込んだパプリカーシュ・チルケだ。名産のフォアグラは小さなペーストではなく、大きな塊《かたまり》をどーんとグリルしたもの。一見《いちげん》さんの観光客目あてではない上等な味でありながら、お手頃な価格。評判になるわけだ。

壁には、シェレシュの肖像写真がかけられ、ピアノで生演奏される『暗い日曜日』を聴いていると、あの世へと引きずりこまれそうな錯覚に陥った。もし、これが失恋や事業の失敗のあとだったら、と思わず考えてしまった。特に、ハンガリーの強い果実酒パーリンカをひっかけていたら……。

ハンガリーに行ったら、夜はドナウ川に近づかないほうがいいかもしれない。昼間は「ドナウの真珠」と呼ばれる開放的な風景は、空が紫色に染まる黄昏時《たそがれどき》やライトアップされる頃、別の顔を見せる（15ページ上段の写真）。そのキラキラと輝く夜景は浮世離れしていて、思わず現実世界から逃避したくなるからだ。

私は一九九〇年代前半にこの街で暮らしていたことがあるが、衝動的にドナウ川に身をまかせたくなったことがある。もちろん、私には自殺願望などないし、考えたこともない。この体験を友人に話すと、「こんな耽美的《たんびてき》空間に身を置いたら、そんなこともあるさ。ハンガリーは自殺率が高いからね」と言われた。実際、ドナウ川に身を投げる人も少なくないらしい。

なお、キシュピパは二〇一八年にビア・ホールにリニューアルしている。時折『暗い日曜日』のライヴ演奏があるようだ。

自殺展覧会

二〇一八年一〇月、ブダペスト市内で入場無料の「自殺エキシビション」が開催された。そこにはみずからの命を絶った人々の写真が、睡眠薬の多量服用、首吊り、ガスなど自殺の方法別に分けて展示されていた。一九五〇年代前半から現在まで、ハンガリーの自殺率は常に世界のトップクラス。そのため、「自殺」は国民的な関心事なのだ。

ルクセンブルクに拠点を置くユーロ・スタットの二〇一五年調査によれば、ハンガリーの自殺率はＥＵ諸国中でラトビアと同率の第三位である（人口一〇万人に対して一九人の自殺者）。ちなみに、第一位はリトアニア（同三〇人）、第二位がスロベニア（同二一人）だった。

『暗い日曜日』のヒットから八〇年以上の年月が流れた。「自殺ソング」という不名誉なレッテルを貼られながらも、ハンガリー人はこの曲を誇りにしているように見える。

一九九九年、ドイツとハンガリー合作の映画『暗い日曜日』（ロルフ・シューベル監督）

が公開された。この映画は、第二次世界大戦前後のブダペストのレストランを舞台に、レストランの経営者・ピアノ奏者・ドイツ人将校の男性三人とウェイトレスの恋愛模様を描いたサスペンス・ロマンである。

また、二一世紀に入ってからも、ブダペストの劇場では演劇『暗い日曜日』が公演されている。こちらは、シェレシュ・妻へレネ・もう一人の男の三角関係である。

一九八三年、『暗い日曜日』と自殺の関連を検証した書籍がハンガリーで出版された。同書によれば、実は一〇〇件以上の自殺の事例のうち、この曲と関連があったのは五件だけだったという。その真偽《しんぎ》は別として、今もブダペストのドハーニ通りの建物の壁には、シェレシュを称《たた》える大理石の銘板が掲げられており、彼が眠るユダヤ人墓地には花が手向けられている。

第2話——火事を招く絵『泣く少年』

不幸になる絵

世の中には、見ると不幸になる絵が存在する。たとえば、『叫び（The Scream）』で有名なノルウェーの画家ムンクの『死せる母とその子（The dead mother and the child、次ページの写真）』が、そうだ。ベッドに横たわる冷たくなった母に背を向けて、両耳をふさいだ少女が立ちすくむ姿を描いた、この絵画には、「少女の大きく見開いた目が動くのを見た」「母親のベッドからシーツの衣ずれの音を聞いた」との声が寄せられている。

二〇〇〇年にＥＣサイトのeBayに出品された、ビル・ストーナムの『彼を拒む手（The Hands Resist Him）』も同様である。家の前にたたずむ暗い顔をした半袖・半ズボン姿の少年の横に、少年の肩くらいの背丈の少女の人形が立っているが、よく見ると、背後のドアのガラス越しにいくつもの不気味な手が伸《の》びている。

eBayの説明欄に、「売り手は落札者に対していっさい責任を負わない」という趣旨の注

ムンクが30代半ばで描いた『死せる母とその子』(ムンク美術館所蔵)

意書きがあったことで、注目を集めた。というのは、「少年が絵から抜け出そうとした」「少女の人形に魂《たましい》が宿るのを見た」などの噂《うわさ》が絶えない、いわくつきの絵だったからだ。実際、最初にこの絵を展示した画廊の店主やかかわった芸術評論家は、まもなく亡くなっている。そして、「eBayの呪われた絵」と呼ばれるようになった。

アメリカ・テキサス州オースティンのドリスキルホテルには、少女の肖像画『恋文(Love Letters)』の複製画が展示されている。一八八七年、アメリカ上院議員の四歳の娘サマンサ・ヒューストンがボール遊びをしている時に過《あやま》って、五階の踊り場から転落死する事故が起きた。その悲劇を悼《いた》んで、現場に飾ったのがこの絵だと言われている。

しかし、絵のモチーフである花束と手紙を持った少女はサマンサではないし、展示されているのはレプリカにすぎない。それでも、この絵を見て目まい・吐《は》き気・宙に持ち上げられる感覚に襲《おそ》われた、少女が微笑《ほほえ》みかけた、ボールで遊んでいる少女の霊を目撃した、などの声が宿泊客から寄せられた。噂が広まると、怖いもの見たさに、同ホテルに泊まるオカルトファンが増えたという。

しかし、これらを凌《しの》ぐのが、次に紹介する『泣く少年（The Crying Boy）』である。

焼け跡に残った一枚の絵

一九八〇年代、イギリス・ヨークシャーで働く消防隊員の間でまたたくまに広がった実話から始めよう。

火災現場に急行し、消火活動を終えた消防隊員たちが、灰燼《かいじん》に帰した焼け跡で奇跡的に残ったものを拾い上げると、それは一枚の絵だった。そんな奇妙な出来事が続けて起こった。ある現場では、一緒に壁にかかっていた他の絵画はすべて焼失したが、この絵だけが残っていた。

消火作業にあたった消防隊員は、「家が全焼しているのに、いつもこの絵だけが買った時と同じような状態で焼け跡から発見される」と語っている。いっぽう、被災者は、口をそろえて「この絵を買った翌日」あるいは「半年後」に火事が起きたと訴えた。

もちろん、火災と絵画の因果関係は科学的に証明できないが、やがて消防隊員たちの間で、火事を引き起こす「呪いの絵」と噂されるようになった。

この絵は『泣く少年』という題の通り、あどけない少年が泣いている肖像画である。そのモデルは一人ではなく、最低でも八人と推定され、二七人との説もある。絵に描かれた少年は、いずれも顎《あご》は引いて両目から大粒の涙を流し、瞳《ひとみ》は訴えるように真っすぐこちらを見つめている（本書に掲載したいのだが、編集者に止められた）。

絵を描いたスペイン人の画家ブルーノ・アマディオ（一九一一〜一九八一年）は、時にイタリア人のG・ブラゴリンという別名を名乗った。

もともと、この絵は、イタリアのベネチアで観光客の土産用に描かれたものだった。そして一九六〇年以降、複製画『泣く少年』として世界中に出回り、シリーズ化された。

この絵のモデルとなった少年は、アマディオがマドリードの裏小路を歩いていた時に出会ったドン・ボニロであることが定説になっている。ドン少年は火事で両親を亡くした孤児だったらしい。どうも、ドン少年は「ファイヤースターター」、すなわち生まれながらにして道具を使わずに火を点《つ》ける能力を持っていたようだ。つまり、少年は火事の犠牲者ではなく、両親を死に追いやった張本人だというのだ。

アマディオがドン少年の肖像画を描き始めた時、村人は「あの子はアブラム（悪魔の子）だから、かかわらないほうがいい」と忠告したという。だが、その瞳に魅《み》せられた画家は、警告を無視して描き続けた。そして、イギリスで「呪いの絵」として話題になる四年ほど前、アマディオはアトリエが原因不明の火事になり、死去している。

その後、長らくドン少年の消息は途絶えていたが、約一〇年後、スペイン・バルセロナ郊外で起きた車の衝突事故で判明する。火だるまになって焼死したドライバーの焼け焦《こ》げた運転免許証には、ドン・ボニロと記されていたのだ。

新聞報道

絵画『泣く少年』の存在を知らしめたのは、世界最大の英語日刊紙『ザ・サン』一九八五年九月四日付の記事「Blazing Curse of the Crying Boy!（泣く少年の燃える呪い！）」だった。

サウス・ヨークシャー州ロザラムに住むホール夫妻宅のキッチンの鍋の火は一気に燃え広がり、築二七年の家はほぼ全焼。しかし、二階の壁にかけられていた額《がく》入りの『泣く少年』だけが被害を免《まぬか》れたという。同紙には、被災者の兄弟で、消火活動にあたった消防士ピーター・ホールと、上司アラン・ウィルキンソン消防署長が「跡形もなく焼けた現場に絵が一枚ぽつんと残されていた」と証言したインタビューが掲載されている。『泣く少年』の写真も掲載され、その下には「恐れの涙……消防士たちが呪われていると苦情を言う肖像画」との文章もある。絵には、アマディオが使っていた別名G・ブラゴリンが署名されている。ホール夫妻は、地元の大衆デパートで複製画を購入したようだ。

記事の掲載後、読者から「自分も同じ経験をした！」との通報が新聞社に殺到。『泣く少年』は火事を引き起こす「呪いの絵」という噂は、瞬《またた》く間に広まった。

そして、『泣く少年』を焼却処分にしようという話が持ち上がる。『ザ・サン』でキャンペーンを呼びかけたところ、続々と絵が送りつけられてきた。まもなく、同紙の一面に「CRYING FLAME!（泣く少年燃える！）」の大見出しが躍った。この時、消防隊立ち合いのもと、集まった二五〇〇枚以上の絵が処分されている。

はたして、この絵に火事を引き起こす力が本当にあるのだろうか。

『ザ・サン』はゴシップ性の強いタブロイド紙であり、『泣く少年』の話も単なる噂が噂を呼んだ風評ではないか、との見方がある。センセーショナルな事件を売り物とするタブロイド紙では、時に真実性より話題性が優先される。しかも、一九八〇年代半ば、同紙はライバル『デイリー・ミラー』紙と激しい販売競争を繰り広げており、『泣く少年』は貴重なヒットネタである。

実際、『泣く少年』は同紙が部数アップのために誇張したストーリーだと指摘するジャーナリストもいる。この絵がイギリス国内で五万枚も売れたのなら、絵の所有者は興味を持ち、売り上げの増加が見込めると踏んだのだろう、というわけだ。

その後も続いた被害

しかし、その後も被害が続いた。『ザ・サン』の報道から五日後の一九八五年九月九日、ボートン市のブライアン・パークスの自宅が火事で全焼した。焼け跡からは『泣く少年』の絵が見つかった。

一〇月九日、オックスフォードのグレース・マーレイの自宅で火災が発生。本人は火傷《やけど》で入院したが、部屋に飾られていた『泣く少年』は無傷だった。

一〇月二一日、グレート・ヤーマスのピザ店から出火。店内には何枚もの絵が飾られていたが、やはり『泣く少年』だけが残っていた。

一〇月二四日、サウス・ヨークシャー州ヘリングソープのケビン・ゴッドバーの家が火災に見舞われた。壁にかかった絵画のうち、『泣く少年』以外はすべて焼け落ちていた。

一〇月二五日、マージーサイド州ヘズウォールのエイモス家が、ガス漏《も》れによる爆発で炎上。リビングとキッチンに二枚の『泣く少年』の絵が飾られていたが、二枚ともきれいなままだった。

これらはタブロイド紙とはいえ、実際に掲載された記事である。これを偶然と言うべきだろうか。

被災者の声を紹介しよう。絵を購入して半年で悲劇に遭《あ》ったサリー州ミッチャム在住のドナ・マンは、「『泣く少年』以外はすべて焼失しました」と言葉少なに語っている。自宅が全焼したので、一枚だけ残ったこの絵も焼いてしまおうとしたところ、どんなに火をつけても燃えなかった。しかたなく絵をゴミ箱に捨てようとしたところ、何か見えない力で押し戻されたように感じたという。

ノース・ヨークシャー州キルバーンのサンドラ・クラスケがこの絵を購入すると、それを見て気に入った義理の姉妹や友人も複製画を買った。すると彼らも、次々と火災に見舞われたという。

さらに、妻と二人の子どもが火災の煙を吸って入院していたブライアン・パークスは、退院後、この絵を破壊したことを打ち明けた。また、ノッティンガムのある家族は、「あの絵のせいだ！」と声を荒らげた。

火事の起こる前の晩、絵の中の少年が目をランランと光らせて、薄気味悪い声で火事を予告する夢を見たという人もいる。

科学的な分析

火事の原因については、別の見解もある。単に難燃性の硬質《こうしつ》繊維板が使用されているから、というものだ。硬質繊維板は、身近なところでは炬燵《こたつ》の裏板などに使われている。

この説を採る者は——絵を吊《つ》るしている紐《ひも》だけが切れて、絵の面が下になって床に伏せた形になることで空気から遮断され、焼けにくかった。しかも、『泣く少年』の複製画はイギリス国内で合計五万枚も売れた人気シリーズであり、一九八五年のヨークシャーでは火災が頻繁に起きた。確率的に十分説明がつく——と主張する。

実際、ＢＢＣラジオ４の番組「Punt PI」で、コメディアンのスティーヴ・パントが『泣く少年』の複製画に火をつけて燃えるかどうか実験してみたところ、表面の一部が黒く焦げた程度だった。火であぶった『泣く少年』は白い煙を上げたものの、やはり燃えることはなかった。

しかし、天井が焼け落ちるような火災では炎の温度は一〇〇〇℃以上になる。難燃性とはいえ、これだけの高熱に長時間耐えられるだろうか。

一九七三年以降『泣く少年』に関連する五〇の火災現場に居合わせた、前述のアラン・ウィルキンソンは呪いを否定する。彼は三三年間の消防士のキャリアの中で、常に科学的思考を貫《つらぬ》き、ほとんどの火災現場で火事の原因となる手がかりを発見してきた。

そんな彼でも、なぜ絵が残るのかという理由については説明できなかった。そして、彼を含めサウス・ヨークシャーの消防隊員に、『泣く少年』の絵を自宅にかけている者は誰もいないことだけは確かだ。

二度も被害に遭った女性

『泣く少年』は、アメリカの有料テレビ「トラベル・チャンネル」の人気番組「致命的な所持品（Deadly Possessions）」にも登場している。同番組は、俳優兼作家のザックことザッカリー・アレクサンダー・バガンズが司会を務め、視聴者が持ち込んだ超常現象にまつわる品々を調査するというものだ。

ザックは少年時代に超常現象に興味を持ち、一〇歳の頃から奇怪な品々を蒐集しているそうだ。そしてラスベガスにある、ザック・バガンズの幽霊博物館（Zak Bagans' The Haunted Museum）を共同所有するだけでなく、本も出版している。

ある時ティナ・ブースという婦人が番組に登場し、自分の「致命的な所持品」として『泣く少年』を披露した。この絵について知っていたザックは、何があったのかと恐る恐る尋《たず》ねた。ティナはこの絵のせいで二回火事に遭ったという。そして、サバサバとした口調で次のように語り始めた。

アンティークの掘り出し物マーケットで複製画を購入すると、二階の寝室に絵をかけた。ある日、コンピューターに向かって仕事をしていると、二階からペットの猫が駆け下りてきた。驚いて階上を見ると、煙がもうもうと立ち込めているではないか。結局、二階の寝室は丸焼けになったが、『泣く少年』は無傷だったという。

ここで、ザックが「『泣く少年』のジンクスは知っていたのですか？」と尋ねると、ティナは「ええ」と答えた。「知ってたのに！」ザックは顔をひきつらせた。彼女はひと呼吸置くと、「自分の身に起きるまでは信じられなかったの」と言い訳した。ザックは同情し、「まさに〝悪魔の子〟だ」とうなずいた。

それだけではない。ティナはなんと、その絵をもう一度別の部屋にかけたという。二度目は、コンピューターから原因不明の煙が出るボヤ騒ぎで収まった。これには、ザックもあきれ顔だった。

最後に彼女が『泣く少年』の絵をザック・バガンズの幽霊博物館に寄贈したい旨を告げると、彼は困り顔を見せた。なぜなら、博物館には貴重な品々が蒐集・展示されているからだ。ザックはしばらく考え込んだ末に、「特別な部屋を与えるので、どうか何もしないでほしい」と絵の中の少年に語りかけるようにして引き取った。

このように、今ではめったに手に入らない『泣く少年』は同博物館で鑑賞することができる。

第3話——実在した「呪いの人形アナベル」

映画は実話だった！

日本では人形にまつわる怪奇現象は少なくない。なかでも、髪が伸びる「お菊人形」の話はよく知られている。ただし、これにはタネがある。髪が伸びるのは、人形の制作過程で余分に埋め込まれた部分が次第に外に出てくることが原因だという。しかし、次に紹介する「呪いの人形アナベル」にはタネもしかけもない。正真正銘の実話である。

アナベル人形は、二〇一三年公開の映画『死霊館』（ジェームズ・ワン監督）に登場し、その存在を広く知られるようになった。その後、スピンオフとして製作された『アナベル 死霊館の人形』（ジョン・R・レオネッティ監督／二〇一四年公開）で主役に昇格すると、『アナベル 死霊人形の誕生』（デヴィッド・F・サンドバーグ監督／二〇一七年公開）』、『アナベル 死霊博物館』（ゲイリー・ドーベルマン監督／二〇一九年公開）』とシリーズ化されている。

映画に登場するアナベル人形は、一九世紀のヨーロッパのブルジョア階級で流行した磁器製のビスク・ドールで、一般には「アンティーク・ドール」と呼ばれる。具体的には金

ウォーレン・オカルト博物館に納められたアナベル人形

髪で丸顔、長いまつ毛の下に大きな緑色の瞳と、真っ赤な唇を具《そな》えた少女を模している。ニコッと微笑むと、左の瞳と頬の傷がいっそう不気味な彩《いろど》りを添える。
映画は、著名な心霊研究家エドワード・ウォーレン・マイニー（一九二六〜二〇〇六年）とロレイン・ウォーレン（一九二七〜二〇一九年）夫妻が、実際にかかわった事件がベースになっている。すなわち、『悪魔学――エドとロレイン・ウォーレン夫妻の驚くべきキャリア』（ジェラルド・ブリットル著）の第三章に記されたエピソードを引用したのが『アナベル　死霊館の人形』である。

アイルランド系アメリカ人のエドワードはヨーロッパと深い関係があり、後述する「最強の心霊現象・エンフィールド事件」の調査も行なっている。これらの経緯を踏まえ、事件が起きたのはアメリカだが、世界一有名な呪いの人形として本書で取り上げることにした。

人形の怒り

それでは早速、事件を繙《ひもと》いていこう。

一九七〇年、アメリカの大学で看護学を学ぶドナは、誕生日に母親からラガディ・アンの人形をプレゼントされた。ラガディ・アンは、作家ジョニー・グルエル（一八八〇～一九三八）原作の絵本『ラガディ・アン・ストーリーズ』に登場するキャラクターのうちの一人だ。

　ドナは友人アンジーと一緒にアパート暮らしをしており、人形も二人で大切に扱っていた。しばらくして、奇妙なことに気がついた。二人が留守にしている時や見ていない間に、人形の位置が変わっているのだ。

　ある日、二人は人形が長椅子の上にあるのを確かめて家を出た。念のため、玄関のドアにセロテープを貼り、誰かが侵入したらわかるようにしておいた。二人が帰宅すると、人形はドナのベッドに移動していた。玄関のドアのセロテープは剥《は》がれておらず、誰かが部屋に入った形跡もない。

　ドナはこの出来事をボーイフレンドのルーに話したところ、彼は気味悪がり、「いっそのこと燃やしてしまえ」と強く主張した。だが、二人はそんなかわいそうなことはできないと、これまで通り人形と暮らすことにした。

　その日を境《さかい》に、ルーは毎晩不吉な夢に悩まされるようになる。ベッドで眠っていると、足から這《は》い上がってきた人形に首を絞《し》められる夢だ。ガバッと布団を跳《は》ねのけると、喉《のど》はカラカラで冷たい汗をびっしょりかいていた。しかも、その夢は日増しにリアルになっていく。数日後の夜、ルーは足元から自分の体を這い上がってきた人形が、自分の首を絞めるのをはっきりと見た。薄《うす》れる意識の中で「これは夢ではなく、現実に起こっていることなんだ」、そう確信すると同時に意識を失った。

その後、ドナとアンジーは見たことのない古い羊皮紙片《ようひしへん》を家の中で発見する。そこには子どもが書いたような文字で、「ルーを助けて」「私たちを助けて」などと書かれていた。ただならぬ事態と判断した二人は霊媒師《れいばいし》のもとを訪ねた。

霊媒師は、人形にはアナベル・ヒギンズという少女の霊が憑《つ》いていると述べた。アナベルは七歳で亡くなり、彼女の住んでいた家が取り壊されたあと、その土地に建設されたのが、ドナたちのアパートだというのだ。さらに「アナベルはドナとアンジーにかわいがられているのを幸せに思い、二人のそばにいたがっている」と告げた。ドナは気の毒に思い、そのまま自分の手元に置いておくことにした。

数日後、ルーは約束していたドライブに行くため、ドナをアパートに迎えに来た。彼が待っている間、隣の部屋から物音が聞こえてきた。もしや泥棒でも入ったのかと不審に思ったルーは恐る恐る部屋に入った。しかし、そこには人の気配はなく、部屋の片隅に人形が座っているだけだった。

そして突然、胸に激痛が走り、シャツが鮮血に染まった。部屋から逃げ出したルーがシャツをめくり上げると、獣《けもの》がひっかいたような爪痕《つめあと》が胸に三本、腹に四本できていた。

恐怖を覚えた三人は、心霊研究家ウォーレン夫妻のもとに駆け込むのである。


魔力を封じ込めようとしたが……


ウォーレン夫妻は「人形には亡くなった少女ではなく、悪霊が取り憑いている」と断言。そして神父を呼ぶと、悪魔祓《あくまばら》いの儀式が行なわれた。結局、人形はウォーレン夫妻が引き取ることになった。

ウォーレン夫妻は、人形を車の後部座席に乗せて帰宅する際、人形の霊が悪さをすることを予想して高速道路を避け、一般道を選んだ。細く曲がりくねった道路を走っていると、突然パワーステアリングが利《き》かなくなり、ブレーキまで利かなくなった。エドワード（エド）は運転しながら、バッグからガラス瓶《びん》を取り出すと、中に入っていた聖水を人形にふりかけた。やっとのことで家まで辿《たど》り着いた。

夫妻宅を新たな住処《すみか》としたアナベル人形はやはり、勝手に動き始めた。座らせておいたのに、いつのまにか立っていることもあった。夫妻はまだ悪霊が宿っていると判断し、自宅に隣接するウォーレン・オカルト博物館に納めることにした。

　こうしてアナベル人形は、小さな家の形をした木製ケースに窮屈《きゅうくつ》そうに座らされることになった（47ページの写真）。三角屋根には十字架がかかり、近づくと教会音楽が鳴り出して、人形をライトアップするしかけで、ガラスのドアは施錠され、その上はタロットカードで封印された。

　それは〝子ども騙《だま》し〟に見えなくもないが、神父が月に二回欠かさず祈禱《きとう》を捧げに来たというから、けっして悪霊の力を侮《あなど》ったわけではない。しかも映画で見るように、ケースには「Warning（警告）」と貼り紙がなされ、「絶対に開けるな」「触《さわ》るな」と注意書きがしてあった。

　この本物のアナベル人形は、映画に出てくる白いドレスをまとった美形の磁器製人形とは異なり、布製で純朴な田舎娘といった趣《おもむき》だ。前述のように、この人形はジョニー・グルエル原作の絵本の主人公である。ラガディ（Raggedy）は「ぼろぼろの」という意味で、オリジナルのイラストは、赤茶の髪に丸い目と三角の鼻、スカートの下からはペチコートがのぞき、怖さなど微塵《みじん》も感じさせない。これでは映画には適さないと製作側は判断したのだろう。

キャラクターの誕生秘話にも触れておこう。二〇世紀初頭、作者グルエルは屋根裏部屋で古ぼけた布製の抱き人形を見つける。その人形の消えかけていた顔に新たに顔を描き、パッチワークを施して、病弱な娘のマルセラにプレゼントしたところ、とても喜んだという。

そして毎晩寝る前にグルエルは、人形を主人公にした話を創作して娘に聞かせた。その時の話をまとめ、人形の挿絵を描いたのが、絵本『ラガディ・アン・ストーリーズ』だった。マルセラは残念ながら、一三歳で病死している。

悪霊への対処法

こうして、アナベル人形はウォーレン・オカルト博物館に厳重に保管されたが、「取扱注意」を守らなかったために災いが降りかかった事例が多数報告されている。

ある日、博物館にやって来た若いカップルがガラスケースの前でアナベル人形をじっと見ていた。男はガラスを叩くと「危害を加えられるもんならやってみろよ！」との言葉を投げつけた。男がガールフレンドをバイクに乗せた帰路、運転を過って木に衝突。男は即死だったが、女は一命を取りとめた。彼女の証言によれば、衝突したのは、ちょうどアナベル人形を嘲笑《あざわら》っていた時で、突然ブレーキが利かなくなったという。

　別な日、神父が博物館で悪魔祓いの祈禱をしている最中、「悪霊よりも神の力のほうが偉大だ！」と叫び、アナベル人形を放り投げた。言うまでもないが、彼は知識と経験が豊富な悪魔祓いのスペシャリストである。その帰り道、神父は車を運転中にトラックとの大事故に巻き込まれた。幸いにも九死に一生を得たが、神父は事故の直前、車のバックミラーにアナベル人形が映《うつ》ったと証言している。

　ロレインは悪霊の恐ろしさを伝えると同時に、対処法についても語っている。

　第一は、「悪霊が取り憑いた人形や物を壊したり燃やしたりして、廃棄してはいけない」。ドナのボーイフレンドのルーがひどい目に遭わされたのも、アナベル人形を燃やしてしまおうと主張したことで、悪霊に憎まれたからと推測される。

　第二に、「悪霊を侮辱したり、嘲笑ったりしてはいけない」。前述の二つの事例がこれにあたり、悪霊からの言わばリベンジを受けたものと解される。

　第三に、「人形とは絶対に目を合わせてはいけない」。悪霊は、目を合わせることで取り憑く相手を認識し、乗り移ろうと狙《ねら》っているからだ。悪霊の力は一般人が理解できるものではないと、ロレインは警告している。
ロレインは、悪霊は過去から現在、そして未来永劫、この世に存在し続けているという。彼女は生前、「実際に物語に出てくるような悪魔は存在する。同時に神も存在する」と訴え続けた。

撮影現場で起きた怪奇現象

映画の製作中にも多くの怪奇現象が起きている。いくつか紹介しよう。

浮かび上がるルーン文字／『アナベル　死霊館の人形』では、悪魔の胸にルーン文字が記されるシーンがある。ルーン文字は古代ゲルマン人が使用した文字で、ラテン文字の発展にともない消滅したが、今でも呪術に使用されることがある。この文字がガラスのコップに映ったり、鏡に反射して見えたり、ある時はトラックのタイヤに映っていたことがあったという。

シャンデリアの落下／『アナベル　死霊館の人形』は当初、シャンデリアが落ちて登場人物が死ぬシーンが設定されていた。ある日、スタンバイしていた悪魔役の俳優の近くに突然シャンデリアが落下、あわや下敷きになるところだった。技術スタッフによれば、シャンデリアはしっかり固定されていたという。その後、問題のシーンは台本からカットされた。

棚の落下／同じく『アナベル　死霊館の人形』で、妻ミアにアナベル人形をプレゼントする夫ジョン役の俳優のウォード・ホートンも、自宅で奇妙な体験をした。役作りのため、ウォーレン夫妻の本を読んでいると、誰もいないバスルームの棚が壁からガタンと落ちた。棚を修理したあとも、何度も落ちたという。

謎の貼り紙／報道関係者が『アナベル　死霊博物館』の撮影現場を訪れた時のこと、舞台セットに「この場所は取り憑かれている」と貼り紙があった。いたずらにしては、すこし度が過ぎている。誰が貼ったのかが問題となり、犯人捜しが始まったが、該当者は見あたらなかった。関係者は内心、悪霊からの警告ではないかと恐れたという。

女優の出血／『アナベル　死霊博物館』は、ウォーレン夫妻が出張中に残された子どもジュディ、友人ダニエラ、シッターのメアリーの三人が悪霊と闘うストーリーだ。しかし実際は、夫妻がアナベル人形を自宅に受け入れた時、ジュディはすでに大人になっていた。監督は、ジュディの役柄は子どもが適していると考えたのだろう。そのジュディ役を演じた女優マッケナ・グレイスが撮影中に鼻血を出したことがある。チョコレートを食べすぎたり、のぼせたりしたわけでもない。彼女がティッシュを取りに舞台セットから離れると、鼻血はぴたりと止まった。製作陣はすぐに神父を呼び、除霊の儀式を行なったそうだ。

人形の移動／映画内のアナベル人形は映画のために作られたものであって、本物ではない。悪霊が憑いていない……はずだった。しかし、その人形がガラスケースの中から飛び出して、セット内の別の場所に移動していることがよくあった。また、舞台セットのライトは時々、スタッフを威嚇《いかく》するように不自然な点滅を繰り返したという。

ロレインの特殊能力

アナベル人形を有名にしたウォーレン夫妻は一九五二年、ニューイングランド・サイコリサーチ協会を設立し、科学的に解明されていない心霊現象の研究に携《たずさ》わってきた。世界各地から要請があれば講演に出かけ、必要に応じて悪霊被害の実態調査に乗り出した。被害者救済のために悪魔祓いを行なうこともあった。その活動は半世紀以上におよぶ。

異色の人生を送った夫妻だが、二人の出会いはごくごく普通だ。ロレインが一六歳の時、映画を観るため友人たちと隣町に出かけた時のこと、案内役を買って出たのが同い年のエドだった。スマートで身だしなみのいい男の子、これがエドの第一印象だった。帰り道、エドは三人の女の子にソーダをおごってあげると約束したところ、ロレインだけがアイスが上にのったソーダ・フロートを注文した。

エドはのちに、そんなちゃっかりした彼女に強烈なインパクトを受けたと語っている。

いっぽう、ロレインは日記に「今日、結婚する予定の男性と出会った」と綴った。幼い頃から霊感が強かった彼女にとって、それは少女の一目惚《ひとめぼ》れというよりも、未来を予見していたというべきだろう。

エドはこの時点では、ロレインの隠された力を知らなかったが、若い頃から悪魔に興味を持ち、その類《たぐい》の書籍を読み漁《あさ》ってきた。最初は興味本位だったが、やがてカトリック教会公認で悪魔祓いを行なうまでになった。ちなみに一般人で、この資格を与えられたのはエドだけで、通常は聖職者が特別の授業と訓練を受けてようやく取得できるものだ。悪魔祓いはホラー映画などで観るように、香《こう》を焚《た》き、十字架を手に人間に取り憑いた邪悪な霊と対峙し、退散させる真剣勝負の闘いだ。悪霊に敗れれば、命を失うこともあるという。

いっぽう、ロレインは悪霊が憑いている人・物・建物を見分けることができた。ロレインの霊感にはエドでさえ、最初はとまどいを感じた。日欧にそれぞれ二〇年以上暮らした私の経験から言うと、欧米よりも日本のほうが霊能力者を許容する土壌がある。欧米では、彼らは「超能力者」とは認識されず、「奇妙な人」とされ、時には「悪魔」のように忌み嫌われることもあるのだ。

娘ジュディは両親の仕事について、学校の先生や友人に本当のことを打ち明けられずにいた。ジュディが「学校で親の職業は何と言えばいいの？」と尋ねた時、エドは笑いながら「風景画家とでも言っておけばいいさ」と答えた。世界各地に出かける、売れっ子のアーティストというわけだ。確かに、ジュディの面倒を見たのは祖母だった。

やがて成長したジュディがボーイフレンドのトニー・スペラを紹介した日、ウォーレン夫妻は娘には固く出入りを禁じていたウォーレン・オカルト博物館に彼を案内した。恐らく、娘の夫となる人にはすべての事情を理解してほしいとの思いがあったのだろう。その後、トニーは婿《むこ》となり、その期待に応《こた》えるように夫妻をサポートし、今では立派な後継者として、偉大な使命——悪霊が存在することを認めたうえで、どのように対処すべきかを探る——をジュディと分かち合っている。

二〇一九年、ロレインが死去した。ウォーレン・オカルト博物館は現在、ゾーニング法（土地建物の利用に関する法律）により閉館を余儀なくされている。

二〇二〇年八月一四日、オカルトファンと思《おぼ》しき人物がツイッターで「アナベル人形が博物館から逃げた」と発信すると、トレンドワード入りした。この噂に対して、トニーは「アナベル人形は、博物館から一度も離れたことはない」と証言し、オカルトファンと世間の人々を安心させた。

第二章
怪奇現象

第4話――最強の心霊現象・エンフィールド事件

映画大ヒットの陰で

二〇一六年、映画『死霊館 エンフィールド事件（原題 The Conjuring2）』が製作された。タイトルの「コンジュアリング（Conjuring）」には「手品」の意味もあるが、この場合「呪文を唱えて呼ぶ」と訳すのが適切だ。何を呼ぶかと言えば、霊だ。映画は、マレーシア生まれの華僑ジェームズ・ワン監督をホラーの巨匠へ押し上げるヒット作となった。

ホラー映画の歴史をさかのぼると、一九六〇～一九七〇年代には『ローズマリーの赤ちゃん』（ロマン・ポランスキー監督／一九六八年公開）、『エクソシスト』（ウィリアム・フリードキン監督／一九七三年公開）、『悪魔のいけにえ』（トビー・フーパー監督／一九七四年公開）、『オーメン』（リチャード・ドナー監督／一九七六年公開）などの傑作が続々と誕生した。

これらは、ホラー映画ファンはもとより通常の映画ファンを巻き込み、世界中の人々を

心霊現象によって、次女ジャネットが浮かび上がったという

恐怖に陥《おとしい》れた。芸術性としての評価も高く、『ローズマリーの赤ちゃん』は第四一回アカデミー助演女優賞（ルース・ゴードン）を、『エクソシスト』は第四六回アカデミー脚色賞（ウィリアム・ピーター・ブラッティ）と同音響賞（ロバート・ニュードソン、クリス・ニューマン）を、『オーメン』は第四九回アカデミー作曲賞（ジェリー・ゴールドスミス）を受賞している。『悪魔のいけにえ』はアカデミー賞を逃したが、ロンドン映画祭最優秀賞に輝いている。

　鬼才ジェームズ・ワン監督は「メジャーのホラー映画に敬意を取り戻したい」と語っている。「死霊館」シリーズは、言わばホラー映画の復権をかけたワン監督の挑戦なのだ。

一作目の『死霊館』の興行収入は三億一八〇〇万ドルで歴代ホラー映画の第九位。続く『死霊館　エンフィールド事件』は三億二〇二〇万ドルで同八位だった。

映画『死霊館　エンフィールド事件』が上映されると、不幸な事件が各地で起こった。インドの英字新聞・電子版『タイムズ・オブ・インディア』（二〇一六年六月一七日付）によれば、インド南東部タミル・ナードゥの州都ティルヴァンナーマライで映画を観ていた六五歳の男性が、クライマックスの盛り上がりのなか、胸の痛みを訴えて失神状態に陥ったのだ。すぐに病院に運び込まれたが間に合わず、ショック死と診断された。

映画鑑賞中に亡くなることは、この映画にかぎったことではない。問題はこの先だ。警察当局の要請で検死を行なうために、市内の医科大学病院に搬送する際、病院のスタッフと遺体が忽然《こつぜん》と消えてしまったのだ。

シンガポールでは、男性が自身のフェイスブックに「彼女とこの映画を観たあと、ホテルに戻ったら洗面所の鏡に十字架が描かれていた。人生初の超常現象だ」などと投稿した。インドネシアでは、悪霊に取り憑かれたという女性の映像まで出回る。

まもなく、この映画を観ると呪われるという噂がアジアを中心に広まったが、映画はますます評判となり、プロモーションの一環ではないかと疑う意見もあった。

しかし、フランスで観客が異常に興奮して叫び声を上げたり、パニックに陥ったりしたことで、ほとんどの映画館が上映禁止にしたことを考えると、プロモーションとは考えにくい。

タンスが瞬間移動

『死霊館 エンフィールド事件』は、イギリス・ロンドンの郊外エンフィールドで実際に起こった、世界最大のポルターガイスト（心霊現象）を題材にしている。ロンドンは第三章で取り上げる「切り裂きジャック」などホラーや都市伝説の宝庫であり、エンフィールドはロンドン最北に位置する。

ここでは、記録にあるものだけで一五〇〇を超える怪奇現象が起こっている。ポルターガイストは通常、一過性のものであるが、この事件は一九七七年八月から二年二カ月の長期にわたって続いた。世界最大にして最長のポルターガイストと言われる所以《ゆえん》だ。早速、紹介しよう。

事件の舞台になったのは、グリーン通り二八四番地の二階建ての町営住宅だ。建物は二家族で一棟をシェアするタイプで、間取りは居間・キッチン・三つの寝室である。一九二

○年代に建てられたというから、築年数は約半世紀にもなるが、このような古い住宅はロンドンでは珍しくなく、ごくごく普通と言っていい。

ここに住んでいたのはホジソン家で、母親のペギー（四七歳）、娘のマーガレット（一三歳）とジャネット（一二歳）、息子のジョニー（一一歳）とビリー（七歳）の五人暮らしだった。シングルマザーのペギーは明るく誠実な人柄で、経済苦を克服《こくふく》しようと孤軍奮闘していた。長女マーガレットはまじめで控えめなタイプ、次女ジャネットはフレンドリーな性格だった。長男ジョニーは寄宿学校で学んでいたため、週末と休暇だけ自宅に帰ってくる。末っ子のビリーは言葉に障害はあるが、普通の少年だった。

ホジソン家と交流があったのが、隣家のノッティンガム家で建築作業員の夫と妻、息子（二〇歳）の三人家族である。同じ通りの二七二番地には、病院勤務のペギーの兄ジョン・バーカム一家が暮らしており、妻シルビアや子どものポールとデニとも親交があった。

一九七七年八月三一日夜九時三〇分頃、寝室にいたジャネットとジョニーは、何かを引きずるような奇妙な音を聞く。しかも、その音は誰もいないはずの部屋から発せられている。

その後、部屋に入ってきたペギーもドアをノックするような音を聞いた。さらに、タンスが一八インチ（約四六センチ）ほど水平移動するのを目撃した。のちにペギーは、「私は信じられなかった。二度押し戻し、三度目は動かなかった」と述べている。怖くなった家族は、隣のノッティンガム家に助けを求めた。

駆けつけたノッティンガム父子も、ノック音を聞いた。家の中を回ってみたが、原因がわからない。そこで、妻ペギー（ホジソン夫人と同名）が、警察に電話をかけた。

午前一時頃、男女二人の警官が来たが、やはりノックするような音が聞こえる。さらにヒープス婦警は、椅子が居間の床を滑《すべ》って三・五〜四フィート（一メートル七〜一二センチ）動くのを見た。二人は、このような事件は警察がかかわるべき問題ではないと判断し、戻ってしまう。実際、警察にできることは何もなかった。

数日後、ビー玉やレゴブロックが室内で飛んでいるのが目撃された。この時は隣人も一緒だった。このほか、ホジソン家を訪ねた市役所職員や教会関係者も同様の怪奇現象に出くわしている。

九月四日、恐怖と不安を抱えたペギーは、助けてくれる人を探すために『デイリー・ミラー』紙に電話をして、窮状を訴えた。まもなく記者のダグラス・ベンスとカメラマンのグラハム・モリスが取材に来た。二人も部屋を飛びかうビー玉とレゴブロックに遭遇したばかりか、グラハムは猛スピードで飛んできたレゴブロックが額《ひたい》にあたり、大きな痣《あざ》ができた。しかし、彼は悪霊がジャネットを空中に持ち上げる写真の撮影に成功した。

本格的な調査

『デイリー・ミラー』紙は、心霊現象研究協会に事件の調査を依頼。同協会は、会員になってまだ日の浅いモリス・グロスを調査官として派遣した。グロスは、電気機器に関する複数の特許を持つ発明家である。彼は事件が起こる前年、最愛の娘を事故で亡くしており、それを機に霊について考えるようになっていた。

九月八日、ホジソン家を訪ねたグロスは怪奇現象を目撃する。ビー玉が空を飛ぶことは聞いていたが、転がらずに床に着地した。ドアや引き出しが勝手に開いたり、ドアのチャイムが揺れたり、スプーンやダンボール箱、水槽の蓋《ふた》が跳ね上がったりした。現場には、『デイリー・ミラー』紙のスタッフ四人を含めた一〇人が同席していた。衝撃を受けたグロスは、作家で同じく心霊現象研究協会員ガイ・リヨン・プレイフェアに支援を求める。

九月一二日、プレイフェアはＢＢＣラジオ４のレポーターをともない、調査に乗り出した。以後、グロスとプレイフェアは一年以上にわたって行動を共にして計一八〇回以上、ホジソン家を訪問した。そのうち二五回は徹夜で監視にあたった。几帳面なグロスは、すべての怪奇現象を文書で残している。そのうち二日分を紹介しよう。

一九七九年四月二〇日／四月一九日の夜中にペギー・ノッティンガムから電話があり、翌日〇時二〇分に到着。ホジソン夫人と二人の息子はうしろの寝室、二人の女の子は前の寝室にいた。うしろの寝室にあるタンスがひとりでに動いて倒れた。ノッティンガムの主人は、本が飛んできた時にうしろの寝室にいた。前の寝室から〝声〟が聞こえて、何度も繰り返しノック音が聞こえた。〝正体不明の声〟が「何て言ったんだ？」と尋ねた。一時四〇分退出。

一九七九年四月二三日／ランチタイムに二八四番地（ホジソン宅）に到着。ホジソン夫人に、物体が寝室の壁を通り抜けるテレポーテーション（瞬間移動）について聞く。……私がトイレに入っている間、テレポーテーションした二つの石が居間に現れた。午後一時五〇分、家をあとにする。……ランチタイムの出来事。私めがけて猛スピードで飛んできたブラシがキッチンのドアを直撃。キッチンを通り抜けて壁に沿って飛来したリンゴが、私の肩にあたった。ジャネットとビリーの両方から、はっきりと声が聞こえた。ジョニーがソファの片側に腰かけ、ホジソン夫人が別側に座っていた時、私の目の前の壁のそばにあったソファが動いた。再び、ソファはジョニーの側から動いた。……私がトイレに入っていた時、通りから居間に二つの石が飛んできた。ホジソン夫人は、この時「全員がキッチンにいた」と証言。大きい石を拾ってみると温《あたた》かかった。……その日の夜、私が帰る前に二つの石が現れた。その一つは、ランチタイムに飛んできた石と同じものだ。……一八時三〇分、キッチンに二回ナイフが降ってきた。二回目の時はバーカム夫人（ホジソン夫人の義姉）もはっきり見ている。……二二時。外にあった自転車の空気入れが壁を通り抜けて、寝室にテレポーテーションした。寝室から飛んできた香水の瓶《びん》が床に落ちて割れた。玄米フレークの箱がキッチンから移動して、ベッドの上にばらまかれた。……二三時、録音を中止すると、すぐにノック音が始まった。

証言者たちの記録

エンフィールド事件は近隣の住人、警官、新聞記者、カメラマン、学者など三〇人以上の証人がいる。録音されたテープは一四〇時間、テープ起こしを含めた記録文書は五〇〇ページにおよぶ。グロスは、この膨大な数こそエンフィールド事件が真実である証拠だと言う。グロスが書き留めた記録の一部を抜粋して紹介する。

> 私はビー玉とプラスチックの破片が、おかしな軌跡を描いて猛スピードで飛んできたのをはっきり見た。物体は、高さ五〜七フィート（一メートル五二センチ〜二メートル一三センチ）の壁や窓から現れた。

ある日の夕方、キッチンに座っていたら、ガスストーブの上に置いてあったティーポットがガタガタ激しく振動し、上下に跳ねた。その時、私は一人で部屋にいた。

ベッドの足元にあったテーブルランプは四五度に傾《かたむ》き、誰も手の届かないところにあった。ところが、数秒後にうしろに動くと、水平になってもとの位置に戻った。

トイレのドアが何度も勝手に閉じたり、開いたりした。その時、誰もいなかった。

私がノック音を発する〝実在〟とコミュニケートしている時、クッションと柔《やわ》らかいおもちゃの入ったダンボール箱が、私に投げつけられた。この現象は寝室で起こり、家族はベッドの上で見ていた。

私は寝室のドアを押さえながら立っていた。すると遠くからスリッパが飛んできて、私の頭のすぐそばのドアを直撃した。

証書の入ったプラスチック製の額《がく》が、私のうしろの壁からずり落ちた。その時、家族はベッドの中にいて、一番近い人で八フィート（二メートル四四センチ）の距離におり、自分以外はその部屋にはいなかった。

寝室にあるカーペットの端《はし》がひっきりなしにめくれると、そのたびに同じ形になった。自分でもやってみたが、そのようにはならなかった。

私はリビングにいて、ソファの前から一フィート（約三〇センチ）離れて立っていた。その時、部屋には八、九人が立っていたが、誰も座っていなかった。突然、ソファが垂直に四フィートの高さに持ち上がると、床の上にひっくり返った。

私は、ひじかけ椅子に座っていたジャネットが浮かび上がり、彼女が座っていたクッションが部屋の中央に置かれるのを見た。ジャネットはそのまま横に約四フィート（約一メートル二二センチ）動いた。その現象が起こった時、私は向かいに座って彼女と話している最中だった。

私は、バーカム氏が座っていた椅子が引っ張られて、一八〇度回転して床に倒れるのを見た。回転は非常に早かった。

居間の壁に固定したドアのチャイムが揺れていた。この現象は繰り返し起きた。

私が寝室に立っていた時、頭上に紙ナプキンが落ちてきた。それは、とてもゆっくり静かに私の頭上に置かれた。

マーガレットが足首を持たれて片足が宙に浮いた時、ノッティンガム夫人と私は彼女を下に引っ張ることができなかった。その時、彼女は片足で立ち、何もつかんでいなかった。私たちが彼女をひねり、なんとか解放された。

一ペニー硬貨が二枚、バウンドもせず垂直に私のそばの床に落ちた。

このほか、トイレの水が勝手に流れたり、本棚から本が飛び出したりしただけでなく、白髪の老女や幼い子どもの幽霊が何度も目撃されたという。

霊が明かした身元

エンフィールド事件でもっとも注目を集めたのは、ジャネットに憑依《ひょうい》した霊である。

霊は彼女の口を借りて、野太いしわがれ声で時には何時間も話し続けた。この現象は、最初の事件から三カ月後の一九七七年一二月に起こった。はじめは奇妙な口笛のような音、あるいは犬が吠《ほ》えるような声だったが、次第に人間の声に変化していったという。

自分の声で話をしていたジャネットが、途中から粗野で卑猥《ひわい》な言葉を使う男の声に変わったこともあったという。話の内容は、ジャネットがまったく知らないものだった。

グロスは調査にあたり、ジャネットの口をテープで覆《おお》ったり、口の中に水を含ませたりしてインチキをできないようにしたが、声は止まらなかった。

また、言語療法士はジャネットの後頭部にマイクをつけて、どこから声が発せられているのか突き止めようとしたが、わからなかった。ただ、仮声帯を使った発声と似たところがあることだけはわかった。

仮声帯は、声帯突起の上にある粘膜の襞《ひだ》で、通常の発声には使われない。怒鳴り声やヘビーメタルにおけるデスボイスなどが、それだ。仮声帯が内転しすぎたり慢性的な炎症を起こしたりすると、仮声帯粘膜が肥厚して内側に突き出る。それが正常な声帯の振動を妨げることで、しわがれ声になる。しかし、ジャネットには喉の痛みなどの症状はなかったので、これには該当しない。

グロスは、仮声帯を使って三時間の会話できる一一歳の少女がいれば一〇〇〇ポンドの謝礼を支払うとして広く募ったが、誰も名乗り出なかった。

そばにいた人間と霊との会話記録が残っているので、紹介しよう。


「今、あなたは部屋の中のどこにいるか教えてもらえますか?」

「ジャネットの頭の上だ」

「なぜ、ジャネットの頭の上で寝ているのですか」

「俺のベッドだからだよ!」


別の会話では、霊がみずからの存在について言及している。


「なぜ、ジャネットはあなたを感じることができないのですか?」

「俺(の存在)は、目には見えない」

「なぜ、目に見えないのですか?」

「俺が幽霊だからだ」

ある時、テレビ局の取材陣が霊に身元を尋ねると、「ビル・ウィルキンス、七二歳だ」と答えた。また、グロスの息子リチャードが死因について問い質《ただ》すと、「目が見えなくなって、出血し、意識を失って、階下の隅《すみ》にある椅子に座ったまま死んだ」と答えた。

このことは、のちにウィルキンスの息子テリーがその通りだと認めている。もちろん、ジャネットは事前に知るわけもない。

心霊現象研究協会

エンフィールド事件を調査した心霊現象研究協会（The Society for Psychical Research＝ＳＰＲ）は一八八二年、ケンブリッジ大学トリニティ・カレッジの三人の学寮長が設立した非営利法人である。その目的は、心霊現象や超常現象の真相を科学的に究明すること。研究テーマがテレパシー・催眠術・霊媒・幽霊・交霊術というと、胡散《うさん》くさく見えるかもしれないが、ＳＰＲが権威ある団体であることは、歴代の会長を見れば一目瞭然だ。

初代会長ヘンリー・シジウィックは日本ではあまり知られていないが、ケンブリッジ大学からフェローの称号を与えられた著名な哲学者であり、倫理学者である。

第二代会長は、のちに伯爵となったアーサー・バルフォア卿。首相も務めたが、外務大臣として第一次世界大戦後のパレスチナにユダヤ人居住地を建設することを約した「バルフォア宣言」により、歴史に名をとどめている。もともと学究肌のバルフォアが政治より哲学を好んだことや、ＳＰＲの会長だったことはあまり知られていない。

第三代会長ウィリアム・ジェームズは「プラグマティズム（実用主義）」を提唱した哲学者で、ハーバード大学で教授を務めた。超常現象にも関心を示し、「信じたい人には信じるに足る材料を与えてくれるが、疑う人にまで信じるに足る証拠はない。本質的に超常現象の解明とは、このような限界を持っている」と述べた。これは「ウィリアム・ジェームズの法則」と呼ばれている。

ＳＰＲには、多くの科学者もかかわっていた。第四代会長ウィリアム・クルックスはタリウムを発見した化学者であり、第六代会長オリバー・ロッジはコヒーラ検波器（電磁波検出装置）や点火プラグを発明した物理学者だ。

ノーベル賞を受賞した会長も複数、存在している。「アレルギー研究の父」と呼ばれるシャルル・リシェ（ノーベル生理学・医学賞）、アルゴンを発見したレイリー卿（ノーベル物理学賞）、「生の哲学」を説いたフランス人哲学者アンリ・ベルクソン（ノーベル文学賞）

などがそうだ。

ノーベル物理学賞と同化学賞を受賞したキュリー夫人や『不思議の国のアリス』の作者ルイス・キャロル、「シャーロック・ホームズ」シリーズの作者アーサー・コナン・ドイルもＳＰＲの会員だった。

ＳＰＲは、心霊現象をただ肯定したわけではない。その現象が本物かどうかを厳しく検証し、多くの霊媒実験でトリックを暴いたことで、逆に心霊主義者から反発を受けた。一九世紀末に心霊ブームが終焉を迎えると、活動は衰微していった。

とはいえ、霊の存在を科学的に究明しようという理念は、エンフィールド事件の調査にあたったグロスやプレイフェアにも受け継がれていたことはまちがいない。

ウォーレン夫妻の真実

エンフィールド事件を調査したプレイフェアは一九三五年、インドで生まれた。ケンブリッジ大学で現代言語学を学んだのち、ブラジルへ移住する。そして、フリーのジャーナリストとして『エコノミスト』紙、『タイムズ』紙、『ガーディアン』紙、ＡＰ通信などで働いていた一九六〇年代後半、霊能力者と知り合ったことで心霊現象に関心を持った。一九七三年、サンパウロのアパートで起こったポルターガイストの独自調査を行ない、同年、ＳＰＲに入会した。

プレイフェアには、双子のテレパシーについて記述した『ツインテレパシー』など一〇を超える著作があるが、もっとも有名なのがエンフィールド事件を扱った『この家は幽霊屋敷』だ。同書は、実売九万八〇〇〇部のベストセラーとなった。この事件に対しては前述のように、グロスと一緒に地道な調査を進め、一九四ページにおよぶ報告書を作成している。

プレイフェアは二〇一六年七月一日、デーヴ・シュレーダーがホスト役を務めるラジオ番組「ミッドナイト・イン・ザ・デザート」でインタビューを受けた。その中で、映画『死霊館　エンフィールド事件』の主人公のモデルであり、「第3話　実在した『呪いの人形アナベル』」でも触れたウォーレン夫妻について語っている。インタビューの一部を紹介しよう。

シュレーダー「あなたはウォーレン夫妻とは面識があり、彼らの調査や業績についてもご存じだと思います。ご夫妻はＳＰＲと一緒に活動したことがありますか？」

プレイフェア「いいえ。……（夫の）エド・ウォーレンにはまったく感銘を受けませんでした（笑）。（妻の）ロレインはまだ生きているのでコメントは控えますが、彼女はとても愉快な人でした。彼らは一度エンフィールドに現れたと思います。しかし、エドが私に言ったことで記憶していることと言えば、『この事件からたくさんお金を稼げるようにしてやる』と言ったことぐらいです。私はその時、それだけわかれば十分だ。できるだけ早く彼から離れようと思いました。……彼は……確か、一度しか来てないと思います。それと少女の一人と話した長いインタビュー記事のコピーを読んだことがありますが、少女はそのことを記憶していませんし、実際に起こったとは思えないようなとても不思議なことが書かれていました。彼は完全に……そうですね（笑）……なんて言ったらいいでしょうか」

シュレーダー「……夫妻が調査に最善を尽くそうとしていたとは思えないわけですね」

プレイフェア「はい。単にお金儲けがしたかったのです」

シュレーダー「……では、エドまたはロレインがこの事件について相談に乗ったり、調査したということを聞いたり、ご自身で見たりしたことはありますか？」

プレイフェア「まったくありません。彼らについては、誰からも話がありませんでした。エドが現れるまで、（ホジソン家の）家族の誰も彼が来ることは聞いてなかったのですから。……」

シュレーダー「えっ、それでは勝手にやって来た？」

プレイフェア「彼は自分が誰であるかを言って、でも二度と来なかった。そして、私たちは彼のことを忘れてしまった」

シュレーダー「彼は招かれてもいないのに、この物語に自分を組み入れるために現場にやってきたということですか⁉」

プレイフェア「そのように記憶しています」

心霊現象が起きた理由

はたして、ホジソン家で起こったポルターガイストは本物なのか。

まず、ジャネットの奇行は思春期によくあるホルモンバランスの崩《くず》れ、心因性ストレスによるエネルギーの発散、脳の障害などによるものではないかと疑われた。また、トゥレット症候群の可能性も示唆《しさ》された。「チック症」とも呼ばれるこの難病はまばたき、顔しかめ、首振りなどがエスカレートすると、拍手、四肢の屈伸《くっしん》、ジャンプを繰り返すことがある。また、「んー」という声、鼻をすする、咳払《せきばら》いなどが、反響言語（オウム返し）、汚《お》言《げん》（悪い言葉を繰り返す）に発展する場合もある。しかし検査の結果、いずれもジャネットにはあてはまらなかった。

次に、ジャネット、マーガレット、母親ペギーも一緒になって狂言を演じたのではないかと疑われた。しかし、ジャネットはまれに、子どもにありがちな大人をからかういたずらをすることもあったが、本人が言うには、それは全体の二パーセントくらいのものだった。

さらに、ペギーがお金欲しさにやったのではないかとの噂もあったが、彼女は生涯同じ家に住み続けたし、この事件でお金を手にしたこともなかった。

調査にあたったグロスは、ポルターガイストが本物と信じる理由を見つけていたようだ。すでに述べたように、グロスがＳＰＲに入会したのは、娘の事故死がきっかけだった。彼は娘の死を受け入れることができず、霊魂でもいいから会えないかと願っていたという。彼は、もし霊魂が存在するなら、娘は何らかの手段で葬式の日に自分に連絡を取るだろうとの思いを抱《いだ》いていた。

その頃、何週間も雨が降っていなかったので、娘が雨を降らせるのではと考えていたところ、葬式当日は娘の部屋から突き出した屋根だけが濡《ぬ》れていたという。このほかにも、娘がグロスに自分の存在を知らせようとしていると思える不思議な偶然が何度も重なった。

そんなことから、グロスはポルターガイストには娘の霊がかかわっているかもしれないと考えるようになった。

さらに、霊視者ドノ・グメリク＝マイリンクにサイコメトリー（物体に触れることで、そこに残された人の記憶を読み取る超能力）で見てもらったところ、娘の霊が関与していることを告げられる。実際、ホジソン家には子どもの霊がたくさん現れた。

しかし、エンフィールドのポルターガイスト現象は一九七九年九月になるとぱったりと見られなくなり、事件は理由がわからないまま幕を閉じた。

現在の住人に聞くと……

二〇〇三年、ペギーがこの家で亡くなった。彼女は事件が終息すると何も語ろうとはしなかったが、生涯、自分が経験したことは真実と考えていたようだ。なお、長男ジョニーは一九八一年に一四歳で早世している。ジャネットは一六歳で家を出て、若くして結婚して男の子をもうけたが、息子は一八歳で亡くなっている。

事件を調査したグロスは二〇〇六年に死去した。もう一人のプレイフェアは前述のインタビューから二年後の二〇一八年四月八日朝、八三歳で亡くなった。偶然にも、ＢＢＣラジオ4がエンフィールド事件の番組を再放送した日だった。

ペギーの没後、クレア・ベネットの家族がここに移り住んだ。彼女は後日、次のように語っている。「私は何も見ていませんが、居心地の悪さを感じていました。家にはある種の存在感があり、誰かが絶えず私を見ているような気がしました。息子は夜中に目が覚《さ》め、階下で話し声を聞いたと言っています」。

その後、ベネットは家の歴史について知り、すべてがクリアになったという。そして、二カ月後に引っ越した。

現在、この家には別の家族が暮らしている。母親は次のように語っている。「私には子どもたちがいますが、そのことは知らせていません。怖がらせたくないのです……」と。

第5話――バチカンが正式に認めた、ファティマの奇跡

奇跡の前兆

「ファティマの奇跡」と呼ばれる現象は、カトリックの総本山バチカン（ローマ教皇庁）が「聖母の出現」として正式に認めている。その点で、単なる都市伝説とは一線を画《かく》すことを最初に断《ことわ》っておきたい。

この現象が起こったのは一九一七年のこと、場所はポルトガルの首都リスボンから北に約一二〇キロ離れた人口一万人ほどの農村ファティマだ。羊飼いをしていた三人の子ども（次ページ下段の写真）が六回にわたって聖母マリアから啓示を受けたことを「ファティマの奇跡（太陽の奇跡）」と呼んでいる。

最年長の女児ルシア・ドス・サントスが一〇歳、いとこの男児フランシスコ・マルトが九歳、その妹のジャシンタ・マルトが七歳と年端《としは》もいかない子どもたちだったことから、この奇跡はなかなか信じてもらえなかった。

上／1917年10月13日、聖母マリア6度目の出現に集まった人たち。下／聖母マリアから啓示を受けた3人。左からルシア・ドス・サントス、フランシスコ・マルト、ジャシンタ・マルト

この現象は、聖母出現の二年前から始まる。一九一五年、ルシアは天使の訪問を受けた。天使は雪のように白く光り輝く少年のような姿をしており、この時は何も話さなかった。

翌一九一六年春、三人が羊の見張りをしながら、昼食後に聖母マリアへの祈り（ロザリオの祈り）を唱えていると、天使がオリーブの木の上に出現した。天使は「私と一緒に祈りなさい」と言った。三人は驚いて声も出ない。すると天使は「怖がらなくていいのです。私は平和の天使です」と安心させた。

そして、どのように祈るか、みずから手本を示した。天使は地面にひざまずくと深々と額《ぬか》ずき「私の神よ、あなたを信ぜず、崇《あが》めず、希望せず、愛さない人々のために、私はあなたを信じ、崇め、希望し、愛します」と三回繰り返し、「同じように祈りなさい」と子どもたちに告げると消えた。

次に天使が現れたのは夏の暑い盛りのこと、昼寝をしようとした三人に「もっと一生懸命祈りなさい。また、神に犠牲を捧げるように」と叱責した。同時に、イエス・キリストと聖母マリアが子どもたちのために「憐《あわ》れみの計画」を持っていることを明かした。

秋に入ってまもない頃、子どもたちは三度目の訪問を受けた。天使はひざまずいて別の祈りを教え、「恩知らずの人々に冒瀆《ぼうとく》されたイエスの御体《おんからだ》と御血《おんち》を受け、飲みなさい」と言って、御聖体《ごせいたい》（パン）をルシアに、カリス（儀式用コップ）に入れたイエスの血（ぶどう酒）をフランシスコとジャシンタに与えた。

天使の三度の出現は、子どもたちが聖母マリアから啓示を受けるための、言わばウォーミングアップだったのかもしれない。

聖母マリアの出現

最初に聖母マリアが三人の子どもたちの前に現れたのは、一九一七年五月一三日（日）のことだった。

三人は早朝、教会でのミサを終えると、羊を連れて近くの牧草地コヴァ・ダ・イリアに行く。そして、いつものように戸外で昼食をすませ、ロザリオの祈りを終えて丘の上で遊んでいると、突然、空に稲妻が走った。三人は雷雨になる前に急いで帰ろうとすると、丘の中腹に立つウバメガシの木の上に、白い衣装を着た女性がキラキラと全身から光を発しながら浮かんでいた。その光は、太陽よりもまぶしかった。

女性は子どもたちが怖がらないように気づかいながら、自分は天から来た者だと告げた。そして「今後六カ月間、毎月一三日の同じ時刻にここに来るように」と言った。自分が何者で何を望んでいるかはあとで話すと言ったが、子どもたちは答えを待つまでもなく聖母であると直感した。

ルシアが「私は天国に行けるでしょうか」と尋ねると、聖母は「三人とも天国に行けるが、フランシスコはたくさんロザリオの祈りを唱えなければならない」と答えた。

聖母が「神に背《そむ》いた罪の償《つぐな》いと罪人たちの回心《かいしん》を願って、自分自身を喜んで神に捧げ、神が与えるすべての苦しみに耐えられますか」と尋ねると、ルシアは皆を代表してそうすることを誓った。聖母は、ルシアが苦しむことになっても神の恩寵《おんちょう》があることを告げると、両手を広げて強烈な光を子どもたちに照射した。

この間一〇分ほどだったが、聖母と会話ができたのはルシアだけだった。ジャシンタは声が聞こえても話はできなかったし、フランシスコは姿が見えても声は聞こえなかった。

二度目の出現

聖母マリアの二度目の出現は六月一三日（水）、この日はファティマの守護聖人・聖アントニオの祝日にあたっていた。コヴァ・ダ・イリアには、三人から聞いた五〇人ほどの村人が集まっていた。

三人がロザリオの祈りを終えると、まばゆい光が近づいてきた。そして、前回と同じウバメガシの木の上に聖母マリアが現れた。ルシアは聖母に「私に何を望んでいますか」と尋ねると、聖母は来月一三日もここに来ること・毎日ロザリオの祈りを欠かさぬこと・読み書きの勉強をすることの三つの約束をさせ、本当の望みはあとで話すと述べた。

ルシアは「自分たち三人を天国に召《め》してほしい」と言うと、聖母は「フランシスコとジャシンタはまもなく天国へと導かれるが、ルシアには人々に聖母を知らせ、聖母への汚《けが》れなき信仰を打ち立てるために働く使命がある」と告げた。イエスが望む聖母信仰を広めるため、ルシアは長命となるというのだ。読み書きはそのためのものだった。これこそ、天使が以前述べた「憐れみの計画」だった。

現場にいた村人たちには聖母の姿は見えず、声も聞こえなかった。しかし、ルシアが「聖母が去った！」と叫んだ時、「ロケットが飛び立つような音を聞いた」「木の枝が東になびくのを見た」「空に浮かぶ小さな雲が東に流れていくのを見た」と証言する者が続出した。

しかし、以降、ルシアへの非難が強まっていく。ルシアの母親や姉妹でさえ、彼女の言うことにまったく耳を貸さなかったし、教区司祭フェレイラ師が悪魔の仕業と断定したことで、ルシア自身にもわずかな不信が芽生《めば》え、一時はもう聖母には会わないと決意した。

三度目の出現と予言

聖母マリアの三度目の出現は七月一三日（金）だった。一度は挫折しかけたルシアだったが、大いなる力に突き動かされ、またフランシスコとジャシンタの願いもあり、三人でコヴァ・ダ・イリアへと出かけた。立会人は前回より大幅に増えて、一〇〇〇〜二〇〇〇人が集まっていた。

聖母は約束した時間に現れた。ルシアがまたもや聖母の望みを尋ねると、「来月一三日もここに来るように。そして、戦争（第一次世界大戦）を終わらせるために聖母を称えてロザリオの祈りを続けるように」と言った。

誰からも信用されずに窮地に陥っていたルシアが「あなたは誰ですか。あなたが出現されていることをすべての人が信じるような奇跡を見せてください」と哀願すると、聖母は一〇月になったら自分が何者で何を望んでいるかを明らかにし、人々の目の前で奇跡を起こすことを約束した。

三度目の出現の重要性は、聖母が奇跡を予言したことだけではない。罪人のために自身を犠牲として捧げるよう諭《さと》した聖母は、三人の目の前で大きく両手を広げると地上を強烈な光で照らした。すると、あたり一面が火の海となり地獄が現出した。そこでは、業火《ごうか》に焼かれるサタンや人間の形をしたどす黒い霊魂たちが恐怖におののき、断末魔の悲鳴を上げながら悶《もだ》えていた。聖母は子どもたちに、地獄は架空の話ではなく実在することを見せたのだ。

聖母は、聖母信仰を広めることで多くの霊魂が救われ、戦争が終わって平和の世が来ると告げた。しかし、人々がこのまま神に背いて回心しないならば、次の教皇（ピオ一一世）の時代にもっとひどい戦争が起こるだろうと予言した。

さらに、「未知の光によって照らされる夜を見る時、これが神によって与えられる大きなしるしであるということを知りなさい」という暗示を与えた。そして、「神はその罪のために戦争、飢饉、教会と教皇の迫害によって世界を罰しようとしている。しかし、イエスも聖母も人々を罰したいのでなく、世界を救いたいのだ」と述べた。

そのためには、「私の汚れない心にロシアを奉献《ほうけん》（聖母崇拝）すること」「償いのために毎月はじめの土曜日に聖体拝領すること」が必要であると告げた。もしこれができれば、平和な時代が訪れるが、できなければロシアは争いと教会への迫害を行ないながら、その誤謬《ごびゅう》を世界中に知らしめることになる。その結果、良い人々は殉教し、教皇は苦しみ、いくつもの民族が絶滅するだろうと予言した。

ロシアとはロシア帝国のことだ。当時は第一次世界大戦中であり、ロシアは連合国側に与《くみ》してドイツと激しい戦闘を繰り広げていた。国内では、革命騒動のさなかにあった。

聖母はこの時、「第三の秘密」を打ち明けるが、真相は今に至るまで謎に包まれたままである。しかし、「最後には、私の汚れない心が勝利するでしょう」とも語っている。

妨害された四度目の出現

聖母マリアの四度目の出現は、八月一三日（月）のはずだった。

しかし、当日の朝、フリーメーソンの会員で郡長を務める自由主義者オリヴェイラ・サントスは、三人の子どもたちを誘拐した。サントスは、子どもたちを使った教会の陰謀と信じて疑わず、子どもたちに自白させようとしたのだ。

サントスは「本当のことを話せば、お金や金の鎖《くさり》がついた時計をやろう」と言ったが、子どもたちは聖母を見たと言い張った。業《ごう》を煮《に》やしたサントスは、ついに三人を凶悪犯と一緒の牢獄に閉じ込めた。そして「一人ずつ生きたまま煮えたぎる油の中に入れてやる」と脅迫したが、子どもたちは命《いのち》乞《ご》いもせずに殉教を覚悟した。ここに至って、サントスもあきらめざるを得なかった。

この日、三人の子どもたちを欠いた約二万人の群衆は祈りを捧げ、聖歌を歌い、聖母の出現を待っていた。やがてウバメガシの木の上に白い雲が現れたが、すぐに空へ消えていった。群衆は稲妻と雷鳴と虹という、不思議な自然現象を目《ま》の当たりにした。誰も聖母の姿を見ることができなかったが、なぜか敬虔《けいけん》な気持ちにさせられた。

六日後の八月一九日（日）、三人の子どもたちは朝のミサを終えたあと、コヴァ・ダ・イリアに出かけ、聖母マリアの四度目の訪問を受けた。聖母は来月一三日に来るよう言い渡し、最後の一〇月に奇跡を見せると念を押した。

五度目の出現と奇跡

五度目の出現にあたる九月一三日（木）は、約三万人の巡礼者が集まった。その中には、のちに枢機卿となるジョン・カレスマ神父の姿もあった。

全員がひざまずいてロザリオの祈りを唱和し、口々に聖母マリアを賛美した。すると、晴れ渡った青空に、光り輝く卵型の球体が東から西へ向かってゆっくりと滑るように流れていった。突然、球体は視界から消えると、ウバメガシの木の上に現れて、あたりは黄金《こがね》色に染まった。

まもなく、聖母マリアが現れると「一〇月に私たちの主《しゅ》がおいでになるでしょう」と述べ、カルメル山の聖母（聖サイモン・ストックにカルメル山のスカプラリオ〔肩衣〕を与えた聖母マリア）、悲しみの聖母（七つの悲しみに心を痛める聖母マリア）、聖ヨセフ（マリアの夫でイエスの養父）、幼子のイエスも一緒に来ることを告げた。

最後に、すべての人が信じられる奇跡を起こすことも忘れなかった。聖母が去る時、光る卵型の球体が東の空へ飛び立つのを多くの人が目撃している。その直後、光り輝く丸い花びらのようなものが、空からひらひらと雪のように降ってきた。奇妙なことに、その物体は地上に落ちると、消えてなくなったという。

六度目の出現と聖母の望み

一〇月一三日（土）、ついに聖母マリア六度目の出現の日となった。前日から降り始めた雨はどしゃぶりとなったが、早朝から大勢の巡礼者が集まってきた（87ページ上段の写真）。その数、五万人とも七万人とも言われており、前日に野宿した者もいたという。

ウバメガシの木の下で、ルシアは、人々に傘をたたんでロザリオの祈りを唱えるよう促《うなが》した。誰もがずぶ濡れになりながら、ぬかるみにひざまずく。大粒の雨に目を細めながら空を見上げると、稲妻が光り、聖母マリアが現れた。

ルシアが聖母は何を望んでいるかを尋ねると、聖母は「この場所に聖堂を建てるように」と言った。また、戦争はまもなく終わって兵士たちはもうすぐ帰還すると予言した。

ルシアは多くの人から病気を治してもらえるよう聖母に頼んでほしいと言われていたので、その旨を伝えると、聖母は「ある人は癒《いや》しますが、ある人は癒しません。生活を改め、罪の赦《ゆる》しを乞わねばなりません」と答えた。

聖母は話を終えると、両手を大きく広げて直視できないほど明るい光を太陽に向けて放射した。即座にルシアは、「太陽を見て！」と群衆に向かって大声で叫んだ。

すると、それまで降っていた雨はピタリとやみ、雲が切れて太陽が姿を現した。太陽は裸眼で直視することができたという。灰色の光の円盤のような太陽が、火の車のように回転しながら四方に強烈な光線を放つ。光はさまざまな色に変化し、地上の牧草や木々、人々をも赤・黄・青・紫色に染め上げた。太陽は回転を止めて静止すると、震《ふる》えるように揺れ、目がくらむようなまぶしい光を放ちながら踊り出した。その後、ジグザグに跳ねるように動き、群衆の頭上目がけて急降下した。人々は大声をあげて逃げまどう。泣き叫び、地に伏して懺悔《ざんげ》する者もいた。

奇跡は一〇分ほどで終わった。雨でグッショリ濡れていた衣服はすっかり乾《かわ》いていた。もはや聖母の存在を疑う者はいなかった。ごく少数の信仰心のない者が、この現象をどう受け止めるべきか、途方に暮れていた。

不可解なことに、三人の子どもたちにはこの奇跡が見えなかった。しかし、聖母マリアが去ったあと、子どもたちの前に、幼子のイエスを連れた聖ヨセフが出現した。次に悲しみの聖母が、最後にカルメル山の聖母が姿を現し、聖母の予言はすべて現実となった。

フランシスコが取った行動

聖母マリアから天国に連れて行ってもらえると聞いたフランシスコは、六度目の出現を境《さかい》にして大きく変わった。元来、内向的で優しい性格の少年は、聖母と神を慰《なぐさ》めたいと考えるようになり、病人や苦しむ人のために祈りを捧げた。みずからに犠牲を強《し》いるために食事や水を制限することもあったという。わずか一〇歳のいたずら盛りの少年が一年足らずの間に、深い信仰心を示すまでに成長したのだ。

　知り合いの婦人が「将来何になりたいか」とさまざまな職業を挙げて質問したところ、彼は「どれにもなりたくありません。死んで天国に行きたいと思います」と答えている。

　一九一八年一〇月から翌年にかけて、スペイン風邪が猛威を振るった。世界中で五億人の感染者を出し、うち一七〇〇万〜一億人が亡くなったと言われている。日本でも三九万人が命を落とした。フランシスコとジャシンタもスペイン風邪に罹《かか》り、二人は高熱を出して生死の境《さかい》をさまよった。

　ちょうどクリスマスの頃、二人の前に聖母が現れると「いよいよフランシスコが天国に召される時が来た」と告げた。フランシスコは一月半ばに一時回復し、ウバメガシの木が立つコヴァ・ダ・イリアの地を踏む。彼には、最後の訪問になることがわかっていた。

　一九一九年四月二日、フランシスコは聖体拝領をするために告解《こっかい》したいと、教区の司教に願い出た。告解のあとには、イエスの血肉であるぶどう酒とパンをいただき、念願の思いを遂げた。その二日後、安らかな気持ちでベッドに横たわると、微笑みを浮かべながら息を引き取った。同夜、母親に言った「ドアのところのあの美しい光を見てよ」が最期《さいご》の言葉となった。享年一〇歳。

翌日、フランシスコの遺体はファティマの墓地へ運ばれた。ルシアは葬式に参列したが、スペイン風邪から回復していないジャシンタはベッドから出ることができなかった。

ジャシンタが受けた啓示

フランシスコの妹ジャシンタは感受性豊かな優しい少女で、聖母から地獄の業火に焼かれる罪人を見せられてからは、罪人の回心のためにみずから犠牲となることを誓い、祈りを捧げてきた。

ジャシンタは聖母の六度目の出現から亡くなるまでの約二年間、何度も聖母の啓示を受けている。聖母が、フランシスコが天国に召されることを告げた時、ジャシンタに「もっと多くの罪人を回心させることを望んでいますか」と尋ねた。ジャシンタが「そうしたい」と答えると、聖母は「それなら、苦しむために二つの病院に行くことになる」と告げた。ジャシンタは主のため、教皇のため、罪人のために自分が苦しむことで、より多くの霊魂を地獄から救いたいと願った。

聖母の予言通り一九一九年七月、医師のすすめで、ジャシンタは家から一五キロ離れた病院に入院することになった。しかし、二カ月間の治療の甲斐なく、腹部の傷口はふさがらず、体はやせ細った。熱も下がらず、歩ける状態ではなかったが、これ以上の入院は家計が許さない。

一二月になると、聖母がジャシンタの前に現れて、「もう一度リスボンの病院に入院して、そこで一人さびしく死ぬことになるでしょう」と告げた。同時に「天国に連れて行くから怖がらなくていい」と安心させた。

年が明けて一月半ば、リスボンから高名な医者が来ると、彼のすすめでジャシンタはリスボンの病院に入院することになった。ファティマを去るにあたって、彼女はロバの背中に乗ってコヴァ・ダ・イリアを訪ね、同時にルシアに永遠の別れを告げた。

リスボンで入院前にジャシンタの世話をしてくれる予定だった人物は、彼女の化膿《かのう》した傷口から悪臭が漂《ただよ》っていたため、受け入れを拒否。数軒たらい回しのあと、「奇跡の聖母」という孤児院が受け入れてくれた。ここでミサに出て聖体拝領するという至福を味わった。

入院して肋骨《ろっこつ》二本を切除する手術を受けた。術後は気が遠くなるほどの激痛だったが、罪人のための犠牲として甘受した。その後、痛みは消えたものの、ジャシンタは聖母のお告げによって自分がいつ死ぬかを知っていた。

二月二〇日夕刻、彼女は教区司祭を呼んで告解し、臨終の聖体拝領を願い出た。しかし、司祭はすぐに亡くなるとは思えず、彼女の最大の願いは聞き届けられなかった。こうして、ジャシンタは最後の犠牲を捧げ、一人孤独のうちに短い生涯を終えた。九歳だった。

なお、フランシスコとジャシンタの兄妹は二〇〇〇年に列福《れっぷく》（死後に徳と聖性を認められて福者《ふくしゃ》となること）、二〇一七年に列聖《れっせい》（福者となった者が聖人《せいじん》となること）されている。

第一の予言・地獄の幻視

聖母マリアが示した予言は三つに大別できる。最初の二つは、一九一七年に聖母から公開を許され、のちに文書化された。

第一の予言は、聖母の三度目の出現の際に、子どもたちが体験した「地獄の幻視」を指している。聖母が両手を広げて目のくらむような光線を発し、地獄の炎に焼かれてもがき苦しむサタンや人間の霊魂を見せたことだ。

地獄のイメージは、イタリア・ルネサンス期の詩人ダンテによる叙事詩『神曲《しんきょく》』に啓発された画家が描いた宗教画の世界であり、当時のヨーロッパでもこの世に地獄が存在すると信じていた者は少数派だったに違いない。

しかし、この時に聖母が見せた地獄は、『新約聖書』の『マタイによる福音書』にある「呪われた者ども、私から離れ去り、悪魔とその手下のために用意してある永遠の火に入れ」というイエスの言葉を証明するものだった。

聖母は子どもたちに「おお、私のイエスよ、私たちの罪を赦し、私たちを地獄の火から護《まも》ってください。すべての人々、殊《こと》に御憐《おんあわ》れみをもっとも必要としている人々を天国へ導いてください」という祈りを教え、ルシアを通して世界の人々に地獄の存在を周知しようとしたのだ。

第二の予言・ロシア革命と第二次世界大戦

第一の予言は個人の救いに関するものだが、第二の予言はキリスト教世界の民族と教会の運命にかかわるものだった。

聖母マリアは三度目の出現の際、「私があなたがたに言っていることがなされれば、多くの霊魂が救われ、平和が来るでしょう」と、第一次世界大戦の終結を予言した。しかし、「人々が神に背くことをやめないならば、次の教皇の時代にもっとひどい戦争が起こるだろう」と警告し、第二次世界大戦の勃発を予言した。しかも、その悲惨な戦争が起こる前に「未知の光が夜を照らす」と、事前の兆候をも示した。

そして、聖母は「私の汚れない心にロシアを奉献すること」「償いのために毎月はじめの土曜日に聖体拝領すること」を求めた。ロシアの回心が鍵を握っていたのだ。

しかし、ロシア（ソビエト連邦）は回心しなかった。一九一七年一一月、レーニン率いるボルシェビキは、アメリカのユダヤ人資本家の資金援助を得て、革命に成功した。翌年、ロシア正教の信奉者だったロマノフ王家の皇帝夫妻と五人の子どもは惨殺された。

その後、雪崩《なだれ》のように革命の嵐が吹き荒れる。ベルギーのメルシェ枢機卿が一九二二年に公表したデータでは、革命以来、司教二八人、司祭一二一五人、将校五万四〇〇〇人、兵卒二六万人、土地所有者一万八〇〇〇人、労働者一九万二〇〇〇人、農民八一万五〇〇〇人が処刑されたという。

同年、レーニンは八一〇〇人の司祭・修道者・修道女を銃殺したと公表した。ロシア正教会の九〇パーセントが破壊され、教会の財産は没収された。

レーニンの死後、後継者のスターリンは「戦闘的無神論者連盟」を結成。青少年に無神論教育を行ない、キリスト教を弾圧した。そして、ＫＧＢ（ソ連国家保安委員会）が四六時中目を光らせ、家族の間でも密告が行なわれ、多くの無実の人が収容所に送られた。作家ソルジェニーツィンによれば、犠牲者の合計は六六七〇万人に上るという。

一九二九年六月一三日、聖母マリアはルシアの前に現れて「教皇が聖母の要求をキリスト教世界に知らせ、全司教と一致して事《こと》にあたればロシアの迫害は終わる」と平和への方途を改めて示唆した。

しかし一九三九年九月一日、ナチス・ドイツはポーランドに侵攻。同一七日、ソ連軍もポーランドになだれこみ、ポーランドは分割占領された。これらの世界情勢は、まさにピオ一一世の教皇在任期間（一九二二〜一九三九年）と重なる。

一九三八年一月二五日夕方から翌日明け方にかけて、ヨーロッパ大陸の上空に巨大な北極光（北極付近で見られるオーロラ）が出現した。ヨーロッパのほぼすべての国と北アフリカのチュニジアでも観測できたという。各国の新聞は競って、この異常気象を大きく報じた。フランス天文学協会によれば、その日の天気は一日中曇りで、夕方に霧雨が降っていた。しかし、不思議なことに、日没の二時間以上あとに雲が切れて空が晴れ、地平線はまるで太陽が昇るかのように明るくなったという。これは、北極光によるものだ。

はじめ青白色だった光は青緑から次第に深紅へと変わり、空に不規則な赤い孤《こ》が現れた。そして赤からオレンジ、黄色へと変化しながら天頂に上昇し、時に消えたり、現れたりしながら、まるで生き物のように動いたという。パリ近郊の村では、火事が発生したという複数の誤報から消防隊が出動したことが記録に残っている。

聖母マリアの予言「未知の光が夜を照らす」は、この巨大な北極光を指すのだろう。そして、これこそ「神によって与えられる大きなしるし」だった。

しかし、教皇ピオ一一世は沈黙を貫き、ルシアを失望させた。聖母の予言は闇に葬られたのだ。歴史を振り返れば、第二の予言通りになった。

第三の予言の謎

ルシアは、聖母から一九六〇年に第三の予言（秘密）を公開するよう命じられていた。しかし、彼女はローマ教皇庁から他言を固く禁じられ、二〇〇五年に九七歳で亡くなるまでみずから明かすことはなかった。

ローマ教皇パウロ六世（在位一九六三～一九七八年）は、「この予言はけっして世に出してはいけない。私は墓場まで持っていく」と封印したという。

第三の秘密を知りたいという信者の欲求は年々高まっていた。一九八一年五月、元カトリック修道士が第三の秘密の公開を迫り、アイルランド航空一六四便をハイジャックする事件が起きた。しかし事件が解決されると、第三の秘密が公開されることはなかった。
しかし、ついに明らかにされる時が来た。教皇庁教理省は二〇〇〇年六月二六日、ローマ教皇ヨハネ・パウロ二世（在位一九七八～二〇〇五年）の意向として、第三の秘密を正式発表したのだ。これはルシアが一九四四年に書いた手紙であり、長らく教皇庁の書庫に納められていたものだ。長文だが、そのまま掲載する。

イエス、マリア、ヨセフ、
ファティマのコーワ・ダ・イリアにおいて、一九一七年七月十三日に明らかにされた秘密の第三部。
レイリアの司教と聖母マリアを通してお命じになる神への従順の行為としてペンを執ります。すでに述べたあの二つの啓示のあと、わたしたちは、マリアの左側の少し高い所に、火の剣を左手に持った一人の天使を見ました。この剣は、まるで世界を火で焼き尽くさんばかりに、火花を散らして光り輝いていました。しかしその炎は、マリアが天使に向かって差し伸べておられた右手から発する輝かしい光に触れると消えるのでした。天使は、右手で地を指しながら大声で叫びました。「悔い改め、悔い改め、悔い改め」。それからわたしたちには、はかりしれない光——それは神です——の中に、「何か鏡の前を人が通り過ぎるときにその鏡に映って見えるような感じで」白い衣をまとった一人の司教が見えました。「それは教皇だという感じでした」。そのほかに幾人もの司教と司祭、修道士と修道女が、険しい山を登っていました。その頂上には、樹皮のついたコルクの木のような粗末な丸太の大十字架が立っていました。教皇は、そこに到着なさる前に、半ば廃虚《ママ》と化した大きな町を、苦痛と悲しみにあえぎながら震える足取りでお通りになり、通りすがりに出会う死者の魂のために祈っておられました。それから教皇は山の頂上に到着し、大十字架のもとにひざまずいてひれ伏されたとき、一団の兵士たちによって殺されました。彼らは教皇に向かって何発もの銃弾を発射し、矢を放ちました。同様に、他の司教、司祭、修道士、修道女、さらにさまざまな地位や立場にある多くの信徒たちが、次々に殺されていきました。十字架の両腕の下には二人の天使がいて、おのおの手にした水晶の聖水入れに殉教者たちの血を集め、神に向かって歩んでくる霊魂にそれを注ぐのでした。

トゥイにて　一九四四年一月三日

（教皇庁　教理省著、カトリック中央協議会福音宣教研究室訳『ファティマ　第三の秘密』）

ここでは、教皇をはじめとする大勢の人々が殺されることが予言されている。

正式発表の矛盾

二〇〇五年二月、ヨハネ・パウロ二世はその著書のなかで、第三の秘密は自身の暗殺未遂事件だったとした。具体的には、一九八一年五月一三日（奇《く》しくも聖母マリア最初の出現の日）、ヨハネ・パウロ二世がバチカンのサン・ピエトロ広場をオープンカーでパレード中にトルコ人テロリストの銃弾を二発受けて重傷を負った事件である。

これはどういうことだろうか。ルシアの手紙の内容とかなり異なる。しかもヨハネ・パウロ二世は、一九八〇年にはドイツのフルダで「……次のことがわかるだけで十分だ。すなわち第三の予言によれば、大洋（複数）が火の海となって大陸に襲いかかり、一瞬のうちに何百万もの人々が消滅してしまう」と発言していたのだ。

実は、この発言はルシアの日記に合致している。イタリアの作家アントニオ・ソッチによれば、一九四四年当時のルシアの日記には次のような内容が綴られていたという。

その日、ルシアが祈っているところに聖母が出現して幻視を見せた。その幻視とは——槍の先から出た炎が地球の軸に触れ、地球の軸が震えた。海と川は氾濫《はんらん》して洪水となり、巨大津波に旋風や竜巻も起こって数えきれないほどの家屋や人々が飲み込まれた——光景だった。「地球の軸が震える」とは、ポールシフト（惑星など天体の自転軸の移動、あるいは北極と南極の反転）を指すのかもしれない。

また、日記には、このような現象は罪からの「世界の浄化」を意味し、憎しみと野心が破壊的な戦争を引き起こすと書かれていたという。これは、第三次世界大戦を示唆するものかもしれない。

このように見てくると、教皇庁教理省の正式発表に疑念を抱かざるを得ない。

日本で起きた奇跡

ファティマ第三の秘密にかかわる奇跡は、日本でも起きていた。秋田県秋田市の聖体奉仕会修道院で起きた、この奇跡はローマ教皇庁で正式に受理されている。

一九七三年六月一二日夜、シスター笹川《ささがわ》は聖体を納めた聖櫃《せいひつ》の扉を開けようとしたところ、その中から目の眩《くら》むような光が発せられ、その場に平伏した。

半月後、シスターの左の手の平に突然、激痛が走った。赤く腫《は》れ上がり、出血したあとを見ると、十字架の形をした「聖痕《せいこん》」ができていた。彼女は、一九歳の時の盲腸の手術が原因で一六年間の闘病生活を余儀なくされた末に、キリスト教に入信。また、進行性の難聴により、聴力を失っていた。

六月二九日、シスターの前に天使が出現。ファティマの三人の子どもたちが聖母マリアから授かったものと同じ祈りを教えた。当時、ポルトガル語のファティマの祈りは日本語訳されていない。

そして、傷が治りきらない七月六日未明、天使が現れ「あなたの手の傷の痛みよりも聖母マリアの御手《みて》の傷は深く、もっと苦しんでいる」という声が聞こえないはずの耳に響いた。

聖母マリアの手にも傷があると聞き、シスターが聖母像に近づくと、像はまぶしい光を放ち、優しい声が聞こえてきた。聖母マリアはシスターに「わたしの娘よ」と呼びかけ、不自由な耳が聞こえるようになることを予告した。そして「手の傷は痛みますか？　人々の償いのために祈ってください」と述べ、一緒に祈ったという。のちにシスターの難聴は完治している。

八月三日にも聖母は現れ、二度目のメッセージを伝えた。すなわち、人々が祈りに対して忘恩・侮辱しているので、神は全人類に罰を下そうとしているが、聖母とその子イエスがその怒りを和らげようと努めている。そのためには勇気ある犠牲的行為、さらなる祈りが必要だというのだ。

歴代教皇の隠蔽

一〇月一三日、三度目の聖母マリアの出現があった。この日は、ファティマにおける聖母の六度目の出現日でもある。聖母は、シスター笹川に次のメッセージを伝えた。これこそ、ファティマ第三の秘密を解き明かすものと思われるので、紹介したい。

愛するわたしの娘よ、これからわたしの話すことをよく聞きなさい。そして、あなたの長上に告げなさい。前にも伝えたように、もし人々が悔い改めないなら、おん父は、全人類の上に大いなる罰を下そうとしておられます。そのときおん父は、大洪水よりも重い、いままでにない罰を下されるに違いありません。火が天から下り、その災いによって人類の多くの人々が死ぬでしょう。よい人も悪い人と共に、司祭も信者とともに死ぬでしょう。生き残った人々には、死んだ人々を羨むほどの苦難があるでしょう。その時わたしたちに残る武器は、ロザリオと、おん子の残された印だけです。毎日ロザリオの祈りを唱えてください。ロザリオの祈りをもって、司教、司祭のために祈ってください。悪魔の働きが、教会の中にまで入り込み、カルジナルはカルジナルに、司教は司教に対立するでしょう。わたしを敬う司祭は、同僚から軽蔑され、攻撃されるでしょう。祭壇や教会が荒らされて、教会は妥協する者でいっぱいになり、悪魔の誘惑によって、多くの司祭、修道者がやめるでしょう。特に悪魔は、おん父に捧げられた霊魂に働きかけております。たくさんの霊魂が失われることがわたしの悲しみです。これ以上罪が続くなら、もはや罪のゆるしはなくなるでしょう。勇気をもって、あなたの長上に告げてください。あなたの長上は、祈りと償いの業に励まねばならないことを、一人ひとりに伝えて、熱心に祈ることを命じるでしょうから。あなたに声を通して伝えるのは今日が最後ですよ。これからはあなたに遣わされている者と、あなたの長上に従いなさい。ロザリオの祈りをたくさん唱えてください。迫っている災難から助けることができるのは、わたしだけです。わたしに寄りすがる者は、助けられるでしょう。

（安田貞治『聖母マリア像の涙』）

「大洪水よりも重い、いままでにない罰」は、前述のヨハネ・パウロ二世が述べた「大洋（複数）が火の海となって大陸に襲いかかり、一瞬のうちに何百万もの人々が消滅してしまう」と重なる。また、「火が天から下り」からは核戦争が想起され、ルシアの日記に書かれた「破壊的な戦争」にも通じる。

歴代の教皇がファティマ第三の秘密の公開をためらった理由は、「悪魔の働きが、教会の中にまで入り込み」以後の文章にあると思われる。カルジナル（＝カーディナル。枢機卿）同士、司教同士が対立し、聖母を敬う司祭が敬わない司祭から攻撃される。教会上層部が腐敗し、悪魔の誘惑によって信仰が破壊される。つまり、キリスト教の存続自体が危機に瀕《ひん》することを示唆したのだ。

シスター笹川が聖母から聞いたメッセージは、新潟教区長のヨハネ伊藤《いとう》司教によって教皇庁のラッツィンガー枢機卿（のちのローマ教皇ベネディクト一六世）に手渡された。伊藤司教が経緯を説明すると、枢機卿は「内容を読んでから、何ができるか検討したい」と返答した。

伊藤司教は教皇庁が調査団を送ってくれるものと期待していたが、翌日ラッツィンガー枢機卿に確かめると、調査団も専門家も送らないという。伊藤司教がその理由を尋ねたところ、枢機卿は「なぜなら、このメッセージはファティマ第三の秘密だからです。だから調査する必要はありません」と答えたという。「ファティマ第三の秘密」と「秋田のメッセージ」が同様の内容だったことを認めたのだ。

なお、シスター笹川は一九七五年一月四日、聖母像の目から涙が流れるのを目撃した。この奇跡は、一九八一年九月一五日まで一〇一回にわたって続いた。聖母像の手の平から血が滴《したた》ったり、全身から汗が出たりしたこともあった。

秋田大学を通じて岐阜大学の法医学教室に鑑定を依頼したところ、これらは人の体液であることが証明された。ちなみに、涙と汗はＡＢ型、血液は最初の鑑定ではＢ型、二度目の鑑定ではＯ型だったという。

二〇一七年九月、ファティマの奇跡一〇〇周年を記念して作られた聖母像（ポルトガルのファティマ聖堂にある像のレプリカ）が、聖体奉仕会修道院に運ばれ、秋田の聖母像と対面した。

聖母マリアはＵＦＯに乗っていた⁉

聖母マリアは六度目の出現の際、群衆の前で奇跡を見せた。具体的には、灰色の光の円盤のような太陽が火の車のように回転したり、ジグザグに跳ねるように動いたり、急降下したりした。この灰色の太陽は、巨大なＵＦＯ（未確認飛行物体）だったのではないかとの説がある。

また、五度目の出現で聖母の去り際《ぎわ》、空から光り輝く丸い花びらのようなものが降った。目撃者の話では、手で受け止めると雪のように解けたという。これは、ＵＦＯが出現したあとにしばしば見られる糸状の物質「エンゼルヘアー」に似ている。

さらに、聖母はルシアに第三の秘密は一九六〇年まで口外しないようにと告げた。なぜ一九六〇年だったのか。ＵＦＯが一九五〇年以降、世界中で目撃されるようになったことと無関係ではないだろう。

人類が人工衛星の打ち上げに成功したのは一九五七年、ソ連のスプートニク一号である。その四年後、初の有人宇宙飛行を成し遂げたのがボストーク一号に搭乗したユーリイ・ガガーリンである。彼の言葉「地球は青かった」でわかるように、地球をはじめて「外」から見たのだ。その後、一九六九年にアメリカのアポロ一一号が月に着陸し、人類は「足跡」を残した。このように、一九六〇年代には宇宙、すなわち地球外への認識が飛躍的に高まったのは事実である。

イエスが宇宙人だったとする説もある。そのように仮定すれば、『聖書』に書かれている数々の奇跡に説明がつくというのだ。

この大胆な仮説を裏づける宗教画も実在する。ジョージアにあるスヴェティツホヴェリ大聖堂の壁画には、磔《はりつけ》になったイエスの右手の上空に赤い半円状のＵＦＯ、左手の上空には緑のＵＦＯがジェット噴射の線を引いて飛んでいる様子が描かれている。コソボにある世界遺産のデチャニ修道院にもイエスの磔刑《たっけい》の壁画があるが、左右の空には光を放ちながらＵＦＯが飛んでいる。しかも、ＵＦＯの中には宇宙人が乗っている。

イエスが宇宙人だとしたら、高度な科学技術と文明を持った異星人が二〇〇〇年以上前に地球に来て、平和をもたらすべく地球人を導いているということになるのだろう。

第6話――ドッペルゲンガーを目撃した有名人

ドッペルゲンガー現象とは

「ドッペルゲンガー（Doppelgänger）」とは、自分と同じ姿をしたもう一人の自分を、あるいは他人がそれを目撃する現象のことで、「自己像幻視」とも呼ばれる。ドイツ語の「ドッペル（doppel／二重、コピー）」と「ゲンガー（Gänger／歩く人）」を合一した語で、日本語も英語もドイツ語がそのまま使用されている。

ドッペルゲンガーを見た者はまもなく死が訪れると言われ、古くから死の前兆として恐れられてきた。古代ギリシアの数学者・哲学者ピタゴラスも、同じ日の同じ時刻に二つの場所（イタリア半島のメタポンティオンとクロトン）で多くの人々に目撃され、まもなく死を迎えたという。

ドッペルゲンガーでよく知られているのが、作家ロバート・デイル・オーウェンが紹介した、一九世紀フランスの女性教師エミリー・サジェのケースだ。

左上から右下へ／エリザベス1世、エカチェリーナ2世、リンカーン、トライオン卿、モーパッサン、ゲーテ、ハイネ、芥川龍之介

一八四五年、バルト海沿岸のリヴォニアの女学校に赴任したサジェは、いつものように黒板に文字を書いていた。すると、彼女の横にもう一人の「彼女」が現れた。二人の姿と動作はまったく同じだが、もう一人はチョークを持っていなかった。このことは、クラスの一〇人以上の生徒がいっせいに目撃している。

ある夏の日、サジェは教室内で椅子に座り、四二人の生徒たちは自習していた。ところが、窓の外に、校庭の花壇に水をあげているサジェがいる。不思議に思った生徒が、教室のサジェに触れたところ、薄手の布に触れるような感触で、ゆっくりと消えていった。

同様の現象が一年にわたって続き、やがてサジェは生徒から「二人の先生」と呼ばれるようになった。結局、彼女は転任していったが、転任先でも同様の現象が続き、生徒や同僚、父母からも気味悪がられ、二〇回以上も転任を余儀なくされたという。

このケースにとどまらず、歴史に名を残す著名人や作品にも、ドッペルゲンガーと思《おぼ》しき例を見ることができる。それらを通して、この現象がどのような時にどうして起こるかを探っていきたい。

分身を目撃したケース①　イングランド国王エリザベス一世

まずはドッペルゲンガーの典型例、すなわち「もう一人の自分（分身）」を見たあとに死が訪れたケースを紹介する。

スペインの無敵艦隊《アルマダ》を破り、イングランド王国の黄金時代を築いた女王エリザベス一世（一五三三～一六〇三年、119ページ上段左の写真）は生涯独身を貫き、国と結婚した「ヴァージン・クイーン」と称えられた。

ある日、女王は幽霊のように青白い顔の自分がベッドに横になっているのを発見する。ふだんは冷静沈着で知られる彼女はひどく狼狽《ろうばい》し、側近に「自分がベッドで死んでいる」と訴えた。当時、女王はたび重なる友人の死から鬱《うつ》状態にあったという。このドッペルゲンガーに遭遇した四日後、女王はベッドに横たわることなく、椅子に座ったままの状態で息を引き取った。

分身を目撃したケース②　ロシア皇帝エカチェリーナ二世

ロシア帝国のエカチェリーナ二世（一七二九～一七九六年、119ページ上段中央の写真）は、ドイツ北部の領邦君主の娘として生まれ、ピョートル三世のもとに嫁いだ。しかし、夫をクーデターで退位させると、みずから皇位に就《つ》き、啓蒙専制君主として君臨した。

ある夜、エカチェリーナ二世が寝室で休んでいると、お付きの者が血相を変えて入ってきた。今、玉座の間に皇帝が入って行くのを見たというのだ。エカチェリーナ二世が行くと、そこには亡霊のような分身がいた。彼女はすぐさま衛兵を呼びつけると、玉座に座す自分そっくりの者を銃で撃つよう命じたが、その瞬間に分身は姿を消した。

この出来事からまもない一一月の寒い朝、エカチェリーナ二世はいつものようにコーヒーを飲みながら執務していた。途中、化粧室に入ったところで突然倒れ、そのまま昏睡《こんすい》状態に陥り、その日の夜、この世を去った。解剖の結果、死因は脳梗塞《のうこうそく》と診断された。剛毅《ごうき》で知られる女帝の、あっけない最期だった。

分身を目撃したケース③　アメリカ大統領リンカーン

南北戦争を北軍の勝利に導き、国家の分裂を防いだ、アメリカ合衆国第一六代大統領エイブラハム・リンカーン（一八〇九～一八六五年、119ページ上段右の写真）。彼もまた、ドッペルゲンガーを見ている。

ある夜、ソファで休んでいたリンカーンがふと鏡を見ると、自分とそっくりの男が映っている。その男は顔面蒼白《そうはく》で、鏡の中から彼をじっと見ている。驚いてソファから立ち上がると、分身は消えた。ほっとしてもう一度ソファに座ると、また現れた。

この話を聞いた妻のメアリーはひどくおびえたが、リンカーンは何かの啓示ではないかと考えた。その後、同じソファに座ってみたが、今度は何も起こらなかった。

ある朝、リンカーンは人々がすすり泣く声で目が覚めた。ベッドから起き上がると、寝室には棺《ひつぎ》が置いてあり、それを囲む人たちが泣いていた。誰が亡くなったのかと尋ねると、人々は「大統領が殺されました」と答えた。リンカーンが棺の中を覗くと、そこには青白い顔をした自分が横たわっていた。

一八六五年四月一四日、リンカーンは妻と観劇中に狙撃されて亡くなるが、その日も「私の暗殺の噂を聞いていないか」と尋ねていた。また、妻には「よく不気味な夢を見る」と語っていたという。

死を告げに来たケース① 詩人ジョン・ダン

ドッペルゲンガーが死を伝えに来たと思われるケースもある。

イギリスの詩人ジョン・ダン（一五七二～一六三一年）は作家のほか、司祭・議員・弁護士などを務めた才人である。彼の『瞑想録』内の「誰《た》がために鐘は鳴る」は、のちにアーネスト・ヘミングウェイが小説のタイトルにしたことでも知られている。

一六一二年、ダンはパリに滞在していた。ある時、イギリスにいるはずの妻が生まれたばかりの赤ちゃんを抱いて訪ねてきた。しかし、臨月の妻がパリに来るはずはない。ちょうどその時分、妻は出産中であり、残念ながら死産だった。ということは、亡くなった子どもが父親に死を告げに来たのだろうか。

この史実は、ダンの死後九年が経過した一六四〇年に、彼の伝記が発表されてはじめて世に出た。さらに、ダンの友人で作家アイザック・ウォルトンも、同様の話を書いている。両者の話は多少異なるため、その信憑性《しんぴょうせい》に疑問を呈する識者もいる。しかし、ドッペルゲンガーを体験したことはまちがいない。

死を告げに来たケース② 海軍中将トライオン卿

一九世紀末、他国を圧倒する海軍力を誇った大英帝国。そのイギリス海軍で、本国艦隊に次いで重視されたのが、植民地インドへの航路を管轄とした地中海艦隊だ。同艦隊は一八九三年六月、戦艦八隻と巡洋艦三隻による軍事演習をシリア近海で行なった。この時、旗艦である戦艦ヴィクトリアから指揮を執《と》ったのが、地中海艦隊司令長官・海軍中将ジョージ・トライオン卿（一八三二〜一八九三年、119ページ中段左の写真）である。

悲劇は六月二二日に起こった。戦艦ヴィクトリアが方向転換する際に戦艦キャンパーダウンに衝突し、トリポリ沖で沈没したのだ。トライオンは、三五七人の乗組員と共に海に消えた。

その同日同時刻、ロンドンにいたトライオンの妻は、自宅で社交パーティーを開いていた。突如、軍服姿のトライオンが現れると、階段を降りてくるのを、多くの招待客が目撃した。トライオンは客に挨拶《あいさつ》もせず、ホールを突っ切ると、正面玄関へと向かう。しかし、玄関の扉が開く前に、忽然と姿を消した。ちなみに、夫人は別室で客と話をしていて、気づかなかったという。

この事故は、トライオンの指令ミスで起きた人災だった。期待を担って、最新鋭の戦艦から指揮しながらも、多くの命を奪ってしまった提督の慙愧《ざんき》の念が、ドッペルゲンガーとして自宅に現れたのだろうか。

戦争や事故などの際、死んだ人間が家族に自分の死を伝えに来る話はよく聞かれるが、トライオンのように、衆人環視《しゅうじんかんし》のなか姿を現すケースはきわめて稀《まれ》である。

分身に話しかけられたケース① 詩人シェリー

ここまで紹介してきたドッペルゲンガーはいずれも無言であり、それゆえ恐怖は増すが、なんと分身が話したケースもある。

イギリスの詩人パーシー・ビッシュ・シェリー（一七九二〜一八二二年）は、幽霊や妖怪にまつわる話を好み、ホラー小説も書いている。シェリーは生前、何度もドッペルゲンガー現象を体験したことを妻に話していた。分身を見ただけでなく、分身から話しかけられたこともあったという。分身に出会う場所は彼の散歩コースで、道は行き止まりになっていたが、分身は後戻りせずそのまま消えていったそうだ。

海が好きだったシェリーは、帆船エアリアル号を特注で造った。そして、イタリアのリヴォルノ港を出発したのち、暴風雨に見舞われて沈没。帰らぬ人となった。ドッペルゲンガーは、彼の不幸を予測したものだったのだ。

分身に話しかけられたケース② 作家モーパッサン

『女の一生』などの作品で知られるフランスの作家ギ・ド・モーパッサン（一八五〇〜一八九三年、119ページ中段中央の写真）は生前、分身と交流したと語っていた。

彼が原稿を執筆中にペンを止めて悩んでいると、部屋に誰かが入って来た。それはもう一人のモーパッサンで、今書いている小説の続きをすらすらと語り出した。彼は驚きながらもそれをメモし、短編小説『オルラ』として完成させたという。これは邪悪な霊に取り憑かれた主人公が次第に心身共に蝕《むしば》まれていく物語だが、モーパッサンは分身から聞いたことを周囲に話していた。

またある時は、ドッペルゲンガーが姿を現すと、悲しみに暮れた顔を見せ、頭を抱えて一言も話さないまま消えていった。分身が不吉な報《しら》せを持って来たことを感じたモーパッサンは次第に精神のバランスを崩し、自殺未遂を起こした。精神病院に収容されると、一年後に亡くなった。やはり、ドッペルゲンガーは死を伝えに来たのだ。

目撃したり、されたりしても死ななかったケース① 文豪ゲーテ

ドッペルゲンガー＝死という印象が強いが、目撃したり、されたりしても死ななかったケースを二例紹介しよう。最初の例は、ドイツを代表する文豪ヨハン・ヴォルフガング・フォン・ゲーテ（一七四九～一八三二年、119ページ中段右の写真）だ。

若きゲーテがシュトラスブルク大学（現・ストラスブール大学）で学んでいた頃、近郊

のゼーゼンハイム村の牧師の娘フリーデリーケと恋に落ちた。彼女は一八歳、いっぽうのゲーテは二一歳だった。なお、ストラスブールは現在フランスに属するが、ゲーテの時代はドイツ領であり、ドイツでは今でも「シュトラスブルク」と呼ばれている。

大学を修了したゲーテは弁護士になるべく、ストラスブールから実家のフランクフルトに戻る。家柄も良くエリートの彼は将来を考えたのか、あるいはフリーデリーケでは釣り合いが取れないと思ったのか、結婚を期待していた彼女とその両親に別れを告げた。

その帰途、ゲーテはこちらへ向かってくる馬上の男とすれ違う。その男はグレーで金の縁取《ふちど》りがある服を着ていた。顔を見ると、自分そっくりである。それは一瞬の出来事で、気がつくと男の姿は消えていた。

それから八年後、ゲーテはフランクフルトからフリーデリーケの家へ向かう途中、馬上でかつての出来事を思い出す。はっとして自分の服を見ると、金の縁取りがしてあるグレーの服、つまりあの時見たものと同じものだった。

結局、この時再会したフリーデリーケとの愛は復活することなく、彼女は生涯独身を通した。ゲーテにとってフリーデリーケとの恋は、自伝『詩と真実』内の『ゼーゼンハイム物語』として結実したほか、抒情詩『野ばら』『五月の歌』を生み出すに至っている。

また、ゲーテは次のような体験もしている。

ゲーテはある日、街で友人のフリードリッヒを見かけた。よく見ると、ゲーテの服を着ている。自宅に戻ると、彼の服を着たフリードリッヒが待っていた。急に雨に降られたフリードリッヒが、自分の服を乾かしている最中だったのだ。

このように、ゲーテは二つのドッペルゲンガー現象を経験した。一つ目は心にある自責の念が引き起こしたものと思われるが、二つ目は心の動きとは無関係であり、二つの現象に関連は見出《みいだ》せない。また、ゲーテは八二歳まで生きており、「自分の分身を見た者はまもなく死ぬ」という定義にはあてはまらない。

目撃したり、されたりしても死ななかったケース② 議員ラッシュ卿

二例目は、イギリス下院（庶民院）での出来事である。一九〇六年の議会開催中のこと、下院議員で作家でもあるギルバート・パーカー卿（一八六二～一九三二年）は議場で、同僚議員フレデリック・カルネ・ラッシュ卿（一八四七～一九一四年）が近くに座っているのを見た。

ラッシュの流行性感冒《かんぼう》による欠席を聞かされていたパーカーは、「快復してよかったで

すね」と声をかけた。しかしラッシュは無言のまま、厳しい顔つきをしている。そして、パーカーがふと目をそらした隙《すき》に、その姿は消えていた。不審に思った彼は他の議員に尋ねたところ、多くが目撃していた。

本物のラッシュは病床におり、後日この話を聞くと、「登院を熱望していたから、魂が出かけたのだろう」と語った。いっぽう、家族は不吉なことが起きる前触《まえぶ》れではないかと恐れた。

それからというもの、ラッシュはしばしば冗談交《ま》じりに同僚や友人から指でつつかれることになった。目の前の彼が本物かどうか確認するためだった。ついには、ローカル新聞に、次のような手記を書くはめになった。

「ドッペルゲンガーを目撃されると、まもなく死ぬというのは、本当のことではありません。……今後ますます気持ちを引き締めてゆく所存です」

なお、その後、ラッシュは二六年間、パーカーも八年間生きていたという。

作品の中のドッペルゲンガー① 『源氏物語』（紫式部）

著名な文芸作品にも、ドッペルゲンガーあるいは、それと思われる部分が散見される。

たとえば、日本の古典に見られる「物《もの》の怪《け》」「生霊《いきすだま》」こそ、ドッペルゲンガーとする説がある。紫式部《むらさきしきぶ》（生没年不詳）による平安中期の傑作『源氏物語《げんじものがたり》』にも、それらは登場している。第九帖「葵《あおい》」における光源氏《ひかるげんじ》の正妻・葵《あおい》の上《うえ》の出産場面を見てみよう。

なげきわび空に乱るるわが魂《たま》を結びとどめよしたがひのつま　とのたまふ声、けはひ、その人にもあらず変《かわ》りたまへり。いとあやしと思《おぼ》しめぐらすに、ただかの御息《みやす》所《どころ》なりけり。

〔現代語訳〕なげきわび……（嘆きのあまりに身を抜け出て空にさまよっている私の魂を、下前《したまえ》の褄《つま》を結んでつなぎとめてください）とおっしゃる声なり感じなりが、女君とはうって変って別人でいらっしゃる。これは不可解な、とあれこれ思い合せになると、まさにあの御息所ではないか。（阿部秋生・秋山虔・今井源衛・鈴木日出男校注・訳『新編　日本古典文学全集21　源氏物語②』）

光源氏は葵の上の出産に立ち会い、はげましている。しかし、どうも彼女の発する言葉が本人のものとは思えない。そして、ハタと気づくのだ。もしかすると別の場所にいる、情を交《か》わした六条《ろくじょうの》御息所《みやすどころ》の猛烈な嫉妬心《しっとしん》が生霊となって、葵の上の口を借りて話しているのではないか、と。原作は次のように続いている。

「かくのたまへど誰《たれ》とこそ知らね。たしかにのたまへば、ただそれなる御ありさまに、あさましとは世の常《つね》なり。

〔現代語訳〕「そんなことをおっしゃるけれど、どなたなのか分《わか》らない。はっきりとお言いなされ」とおっしゃると、紛《まぎ》れもなく御息所その人のお姿なので、驚きいるどころの話ではない。 (同書)

光源氏が「お前は誰だ」と問い詰めると、葵の上に乗り移った生霊は六条御息所だと白状したのだ。この例は、「二人の人物が同時に別の場所にいる」前述のラッシュ卿と似ている。なお、原作では葵の上は病《やまい》が癒《い》えずにまもなく亡くなり、六条御息所も光源氏にみずからの本性を見破られた恥ずかしさに身もだえながら、この世を去っている。

作品の中のドッペルゲンガー②『帰郷』(ハイネ)

ドイツの詩人ハインリヒ・ハイネ（一七九七～一八五六年、119ページ下段左の写真）の詩『帰郷』は、別れた恋人が住んでいた家の前にたたずむ分身を描いたものだ。

夜《よ》は　しずか　路地は　ひっそり
この家だ　あのひとが　住んでいたのは
あのひとは　とっくに　町を去ったが
家はやっぱり　むかしのところにある

あれ　そばにひともいる　両手をもんで
身をもだえ　見あげている
その顔をみて　ぞっとした
月あかりに　まぎれもない　このおれの顔

おお　おれに生き写しの　青ざめた男よ

なぜ　まねるのか　おれの　恋のなやみを
くる夜も　くる夜も　その場所で
なやみぬいた　過ぎし日の　おれを

（ハイネ著、井上正蔵訳『歌の本　下』）

オーストリアの作曲家フランツ・シューベルトは、この詩に曲をつけている。そのタイトルこそ、『(Der Doppelgänger（ドッペルゲンガー）』だ。しかし、日本では『影法師』と訳されている。

作品の中のドッペルゲンガー③『歯車』（芥川龍之介）

作家の芥川《あくたがわ》龍《りゅう》之介《のすけ》（一八九二〜一九二七年、119ページ下段右の写真）は服毒自殺を遂げたが、晩年は幻覚や幻想に悩まされていたようだ。そのことは小説『歯車』からも読み取れる。同作品は第一章は生前に発表されたが、残りは没後に見つかり、それらをまとめて出版された。

粗筋《あらすじ》は次のようなものだ。——主人公「僕」はある時、レインコートを着た幽霊の話を聞く。その後、行く先々でレインコートの男に遭遇するようになった。そして、ホテルで小説を執筆している時、義兄の轢死《れきし》を知る。義兄は最期にレインコートを着ていた。その後、死の前兆とも取れる幻想が現実とシンクロするようになり、視野に「歯車」が浮かぶようになる。やがて「僕」は自宅に帰り、二階で横になっていると、妻が急いで上がってきて「何《なん》だかお父さんが死んでしまいそうな気がしたものですから」と言った。——

この言葉について、のちに芥川の妻の文《ふみ》は、自分が夫に投げかけた言葉であることを認めている。ということは、「僕」は芥川自身なのだろう。小説の中に、ドッペルゲンガーについての記述がある。

> 僕は久しぶりに鏡の前に立ち、まともに僕の影と向い合った。僕の影も勿論微笑していた。僕はこの影を見つめているうちに第二の僕のことを思い出した。第二の僕、——独逸人《ドイツじん》のいわゆる Doppelgaenger は仕合せにも僕自身に見えたことはなかった。しかし亜米利加《アメリカ》の映画俳優になったK君の夫人は第二の僕を帝劇の廊下に見かけていた。（僕は突然K君の夫人に「先達《せんだつて》はつい御挨拶もしませんで」と言われ、当惑したことを覚えている。）それから……翻訳家もやはり銀座の或煙草屋に第二の僕を見かけていた。
>
> （芥川竜之介『歯車 他二篇』）

「僕（芥川）」は見たことがないが、その分身が二回も目撃されたというのだ。しかも「独逸人のいわゆる」と表現しているように、芥川はドッペルゲンガーがどのようなものであるかを知っていた。それゆえ、自分の分身を目撃されたことは死の前兆に違いないと考え、それが芥川の精神を悩ませていたのだろう。

心が見せるのか、脳が見せるのか

では、なぜドッペルゲンガー現象が起こるのだろうか。

自分の分身を目撃する現象については、精神疾患を原因とする説がある。たとえば「多重人格」では複数の自分が出現するし、幻覚の一種として分身を見る症例もあるようだ。これは、ドッペルゲンガー経験者がのちに精神疾患に陥ることが多いことから導かれたものである。

脳疾患を原因とする説もある。アーヘン大学のポドル博士は、脳腫瘍《のうしゅよう》や片頭痛《へんずつう》など脳内の血流変動により、脳の一部の機能が損《そこ》なわれることで起こる可能性を指摘している。また、チューリッヒ大学のブルッガー博士らの研究によると側頭葉《そくとうよう》と頭頂葉《とうちょうよう》の間にある側頭頂頂接合部に腫瘍ができると、ドッペルゲンガーに似た症状が現れることがあるそうだ。側頭頭頂接合部には自己を認識する機能が備わっており、ここに障害が起こると、自分の精神が肉体を離れた感覚になることがあるという。

仮に、精神あるいは脳の障害がドッペルゲンガーの原因とすれば、自分の分身を見る現象については説明がつくかもしれない。しかし、第三者が同一人物を同時に見る、あるいは家族に自分の死を知らせる現象にはあてはまらない。家族に死を知らせる現象は、日本では「虫の報せ」「予知夢」などと呼ばれるが、人間の魂が肉体を離れる幽体離脱や心霊現象に近いだろう。

俗に、世の中には自分とそっくりな人間が自分を含め三人いると言われるが、英語サイト「ドッペルゲンガー（https://www.familysearch.org/blog/en/find-your-doppelganger）」に自分の顔の特徴を入力すると、もっとも似通った人物の写真が出てくる。私も試してみたが、かなり似ていて驚いた。ドッペルゲンガー現象を経験したくはないが、経験者の恐怖は想像することができた。

第三章

事件

第7話――六五〇人の処女を生贄《いけにえ》にした伯爵夫人

『ベルばら』にも登場する女性

累計発行部数二〇〇〇万部を超えるコミック『ベルサイユのばら』（池田理代子著）。その一〇巻「外伝／黒衣の伯爵夫人の巻」のモデルとなったのが、今回紹介するハンガリー王国の貴族バートリ・エリザベート（ハンガリー語でエルジェベート。一五六〇～一六一四年、次ページ左の写真）だ。

前述のように、ハンガリーは姓→名の順なので、バートリが姓でエリザベートが名となる。しかし一般的には、エリザベート・バートリ伯爵夫人、別名「血の伯爵夫人」の名で知られている。おぞましい別名がついた理由は、六五〇人の若い処女《おとめ》を殺害したからだ。しかも、残酷な方法で。

エリザベートが結婚後に居住したのが、ナーダシュディ城（次ページ右上段の写真）である。ハンガリーは現在、オーストリアの東隣に位置する小国（日本の面積の約四分の一）

左／「血の伯爵夫人」と呼ばれたバートリ・エリザベート。右上段／エリザベートが結婚後に暮らしていたナーダシュディ城。右下段／大量殺人が行なわれたチェイテ城

で、パプリカやワインなどの特産品で知られる農業国である。しかし、第一次世界大戦前まではクロアチアとスロバキアの全域、ルーマニアのトランシルヴァニア地方とセルビア北部のヴォイヴォディナ地方を含む大国だった。

ナーダシュディ城は、首都ブダペストから西へ約二〇〇キロ離れたシャールヴァール市にある。ハンガリー語で「泥の城」を表すように、昔は湿地帯だったようだ。

私は以前、この城を訪ねたこ

とがある。地図を頼りにようやく辿り着いたものの、目の前に現れた城は想像していたものより地味に感じた。長い橋を渡り、三角形の赤レンガ屋根に白壁が映《は》える塔門をくぐると、緑の中庭が広がっていた。

城内には騎兵隊長だった夫ナーダシュディ・フェレンツ二世の名を冠した博物館があり、軍服・サーベル・槍などが展示されている。この城には、ヨーロッパの城でおなじみの優美な宗教画の代わりに、将軍の肖像画や馬上の軍人の絵画などが多く見られ、大ホール・騎士の間には合戦の様子が描かれていた。しかし、お目当ての拷問部屋や器具がなかなか見あたらない。

歩き回った挙句、ようやく見つけた！　奥まった部屋に展示された三枚の巨大な肖像画のうちの一枚はエリザベートを描いたもので、その前に木製のギロチンのような機械があったのだ。外国人ジャーナリストらしき人物がさかんにシャッターを切っている。

これこそエリザベートの拷問器具に違いないとスタッフに尋ねたところ、「これは製本機です」とのこと。確かに、フェレンツ二世の父親ナーダシュディ・タマーシュ男爵はハンガリー宮中伯《きゅうちゅうはく》（副王）を務め、『新約聖書』をハンガリー語に翻訳・出版するなど名士として知られている。同様に、文化的に価値の高い書物や文書、写真、地図なども展示されていた。

それでもあきらめきれずに地下室に続く扉はないか、塔の上に何か隠されてはいないかと隈《くま》なく見て回ったが、それらしきものは結局、発見できなかった。

異常者が多い家系

バートリ家は、一三〜一六世紀の中央ヨーロッパで権勢を振るった名門貴族グトケレド家の分家である。ドラゴンを退治した伝説の騎士の末裔ということで、その紋章にはドラゴンの歯があしらわれている。

一族は、ハンガリー副王バートリ・イシュトヴァーン三世、トランシルヴァニア公バートリ・イシュトヴァーン五世、ポーランド王バートリ・イシュトヴァーン九世、ハンガリー司法官バートリ・イシュトヴァーン一二世、枢機卿・トランシルヴァニア公バートリ・アンドラーシュなど、錚々たる人物を輩出している。

エリザベートの両親も共にバートリ姓で、父はブダペスト北部を本拠地としたエチェディ系、母はワインの産地パンノンハルマ一帯を領地としたショムヨーイ系である。母は熱心なプロテスタントで神学校を作るなど、教養の普及に尽力した。

伯爵家の長女として生まれたエリザベートは幼い頃から男の子の服を好んで着用し、フェンシングや乗馬に熱中した。語学も堪能で、ハンガリー語のほかにドイツ語・ラテン語・ギリシア語・スロバキア語の読み書きができたうえ、数学も得意だった。ただ、たびたび発作を起こしたり、訳もなく突然怒り出したりする面もあった。少女期には、盗みを働いた者にお仕置きとして、馬の鞍《くら》に服を縫いつけて引きずり回して死に至らしめたこともあったという。

彼女の狂気は、莫大な財産を守るために繰り返された血族結婚によるものとされている。近親者にも、強姦の常習犯だった長兄イシュトヴァーン、人前で狂態を演じる妹クララ、悪魔崇拝者の叔父、ＳＭに興じる叔母など、異常者が多かった。

エリザベートは一五歳の時、二〇歳の貴族の令息ナーダシュディ・フェレンツ二世と結婚する。結婚式はハンガリー王ミクシャ一世をはじめ、四五〇〇人の客を招いて盛大に執り行なわれた。ナーダシュディ家は裕福ではあるが、男爵家だったため、エリザベートは結婚しても伯爵家のバートリ姓を変えなかった。つまり、相続権を保持した。夫妻には最初の一〇年は子どもができなかったが、その後、五人（ハンガリー語の資料より）の子どもを授かっている。

当時、ハンガリー王国はオスマン帝国との激しい戦いのさなかにあり、夫フェレンツ二世は騎兵隊の隊長として転戦していた。その八面六臂《はちめんろっぴ》の戦いぶりは「黒い騎士」と称えられ、その功績により伯爵へと陞爵《しょうしゃく》している。夫の留守中に領主として財産管理を任されたエリザベートは利殖の才を発揮しただけでなく、留学する領地の子女たちに教育支援をする一面もあった。

家を空けることが多かった夫だったが、夫婦仲は円満で、夫にあてた手紙にはのちの残忍な姿をうかがわせるものはまったくなく、夫を思いやる貞淑な妻の姿が見て取れる。とはいえ、当時の貴族によくあることだが、他の男性と浮気していた。男性ばかりではなく、女性とも関係があったようだ。

いっぽう、たまに戦地から帰ってくる夫フェレンツ二世は気が立っており、召使いに罰を加えることもあったという。エリザベートが召使いに拷問まがいの罰を加えて味わう快感は、夫から教わったものだとする説もある。

連続殺人事件

エリザベートの蛮行は夫の死後、居住していたチェイテ城（141ページ右下段の写真）で行なわれた。ある日、召使いの娘が彼女の髪を梳《と》かしていた時、過って髪を絡《から》めて引っかけてしまった。激怒したエリザベートは、娘にビンタをくらわす。その時、娘の唇が切れて飛び散った血が彼女の手についた。しばらくして手を見ると、血がついた皮膚がツヤツヤと若返っているように見えた。これをきっかけに、若い娘の血を求めるようになる。

そして、若い娘を地下室に閉じ込めてはその生き血を採取するようになった。その方法は、指に針を刺す↓爪をはがす↓指を切る↓天井から逆さ吊りにしてナイフで切りつけ、その下に置いた桶に血を満たす、と次第にエスカレートしていった。

さらに、口を糸で縫《ぬ》いつける、性器に火をつけたり切り取ったりするなど異常さを増していった。きわめつけは、みずからの美貌と若さを保つために、処女の生き血をバスタブに入れて入浴したことである。そして、若い娘が身悶《みもだ》えしながら息絶える様《さま》を、薄笑いを浮かべながら観察したという。

こうして、チェイテ城近隣の娘たちが次々に姿を消していった。やがて、エリザベートは村娘だけでは飽き足らず、下級貴族の娘までも行儀見習いのために登城するよう言いつける。しかし、これが仇《あだ》となった。ある日、下級貴族の娘が隙を見つけて城から逃亡し、助けを求めたのだ。まもなく、娘の話を聞いた教会の司祭が訴え出たことで、事件が明るみになる。

　一六一〇年一二月二七日、エリザベートの後見人でもある司法官トゥルゾー・ジョルジー伯爵はハンガリー王より捜査の命《めい》を受けて、チェイテ城に急行する。二日後の二九日に到着すると、トゥルゾーと家来、付き従った三〇人ほどの村人たちは、庭に放置された一人の娘の死体を見つける。城内に足を踏み入れると、次々と死体が発見された。

　遺体には、針や鉄棒による無数の刺し傷、鞭打たれて出血した痕跡、火であぶられて黒焦げになった肌などがあり、拷問の末に殺されたことが一目でわかった。その中に、まだわずかに息のある娘がいた。

　その証言により、主犯のエリザベート、側近の召使いアンナ・ダルヴォリャ、子守りのイローナ・ヨー・ナジィとドロチャ・センテシュ、洗濯係カタリン・ベネツキー、下男ヤーノシュ・ウーイヴァリーの五人が捕《と》らえられた。

　年が明けた一月、トゥルゾー裁判官のもと、裁判が行なわれる。おぞましい犯罪が白日のもとにさらされ、犠牲者の数は八〇人とされた。ただし、エリザベートの記録（後述）には六五〇人となっていた。一月七日、エリザベート以外の五人が処刑されたが、彼女は無期禁固刑となり、チェイテ城の狭い独房に閉じ込められ、以後、二度と人前に姿を現すことはなかった。

エリザベートが処刑されなかったのは、ハンガリー王マーチャーシュ二世（のちに神聖ローマ帝国のマティアス皇帝）による慈悲と、一族思いのトゥルゾーのはからい——長年そのように信じられてきたが、近年、いくつかの新事実が浮上した。

ハプスブルク家への抵抗

新事実を紹介する前に、当時のハンガリー王国が置かれていた状況について触れておきたい。ハンガリー人はしばしば「モハーチでほとんど失った」という言葉を口にする。これは、一五二六年にハンガリー南部のモハーチでオスマン帝国軍に大敗した「モハーチの戦い」を指している。

この戦いでハンガリー王ラヨシュ二世が戦死すると、前々王のヤゲロー朝のウラースロー二世の娘婿にあたるハプスブルク家のフェルディナント（のちの神聖ローマ皇帝フェルディナント一世）がハンガリー王に就いた。同時にハンガリー貴族から選出されたトランシルヴァニアの大領主サポヤイ・ヤーノシュも、ハンガリー王に即位する。

ハンガリー王国とハプスブルク家との対立は、息子のヤーノシュ二世の代まで続いた。

やがて、ハンガリー貴族が弱体化していくと、王位はハプスブルク家による世襲制となる。オスマン帝国は一五四一年にハプスブルク家のハンガリー王位を承認し、その代わりにオスマン帝国領ハンガリーを得た。

こうしてハンガリーは、北西部はハプスブルク家（オーストリア）の支配下となり、南部はオスマン帝国となり、東部は東ハンガリー王国（のちのトランシルヴァニア公国）として分離したことで、国家としての一体性を失った。

貴族は存在していたものの、ほとんどはモハーチの戦い以降にオーストリアに寝返った者か、国外の有力貴族だった。

たとえば、ハプスブルク家に忠誠を尽くしたことで伯爵の地位を得たエステルハージ家、ナポリ王国を支配したアンジュー＝シチリア家の支流であるアンジュー＝ハンガリー家、ドイツ中部のザクセン＝コーブルク＝ゴーダ公国の分家であるザクセン＝コーブルク＝コハーリ家。神聖ローマ皇帝カール四世を出したルクセンブルク発祥のリンブルク＝ルクセンブルク家などがそうだ。

そのようななか、エリザベートのバートリ家や夫のナーダシュディ家は数少ないハンガリー貴族であり、ハプスブルク家にとっては疎《うと》ましい存在だった。エリザベートが逮捕された一六一〇年は、ハプスブルク家のマーチャーシュ二世がハンガリー王に即位して三年目になる。

マーチャーシュ二世はオスマン帝国との戦いでは戦地に二度赴いた武人であり、国政を臣下に任せきりの兄ルドルフ二世（神聖ローマ帝国皇帝、ハンガリー王・ボヘミア王も兼任）とは犬猿の仲だった。一六一一年、マーチャーシュ二世はプラハへ侵攻、力ずくでボヘミア王座を奪った。その九年後には、ボヘミアでハプスブルク系のカトリックと地元貴族のプロテスタントが激しく対立する白山《はくさん》の戦いが勃発した。

このように、事件の前後は、ハプスブルク家・カトリックとハンガリー貴族・プロテスタントが激しく争っていた。ハプスブルク家マーチャーシュ二世にすれば、ハンガリーにおけるプロテスタントの旗振り役バートリ家は目障《めざわ》りな存在だったに違いない。

〝不都合な〟新事実

史上稀《まれ》に見る凶悪事件——。エリザベートの所業は、今日までそう語り継がれてきた。しかし二一世紀に入り、新たな説が浮上する。それは、エリザベートは冤罪だったというものだ。

従来の残忍な大量殺人鬼のイメージを覆《くつがえ》す説を発信しているのは、サーデツキ＝カルドシュ・イルマ博士、ナジ・ラースロー博士、ハンガリー史が専門のガーボール・ヴァルコニー博士、バートリ家の末裔でエリザベートのオペラを制作したデニス・バートリ＝キッツなど。以下、彼らの調査・分析を紹介しながら、真相に迫ってみたい。

前述のように、トゥルゾー・ジョルジー伯爵一行は一二月二九日、捜査のためにチェイテ城に入った。その時、城には火がかけられ、城内の人々は多かれ少なかれ火傷を負ったが、エリザベートは無傷で火災現場にいた痕跡がなかった。そこから、トゥルゾーが城に入る前に、エリザベートはすでに逮捕され拘束されていたのではないかという見方が出てきた。

一六〇六年のウィーン条約により、貴族は公聴会なしに罪に問われることはなくなった。しかし、エリザベートの場合、公聴会が開かれることはなく、死刑を免れたとはいえ生涯、幽閉されたままだった。息子たちは、エリザベートが尼僧となって修道院で過ごすことを希望したが、認められなかった。これらは、エリザベートの発言を封じるためだったと考えられるという。

犠牲者の数についても、明確な証拠があるわけではない。召使いたちが拷問にかけられて自白したのは三六～三七人。多く見積もっても五〇人と推定された。別の資料によれば、証言者の四分の三は、「死んだのは二～四人で、しかも殺人によるものではない」と供述したとある。

夫人の「日記」に記録されていた犠牲者の名前が証拠とされたが、それが本人のものか疑わしいという。というのも、ハンガリー国立公文書館に保管される三二のエリザベートの手紙の文字と、「日記」の筆跡やサインが異なっているからだ。つまり、誰かが夫人を罠にはめるために用意した偽《にせ》の証拠だった可能性が高い。

他にも、次のような事実が指摘されている。

・拷問の証拠は、城内でほとんど見つかっていない。唯一の目撃証言はトゥルゾーと一緒に突入した部下と村人たちから出されたものだった。

・エリザベートから借金していた他国の領主のほとんどは返済見通しが立たず、マーチャーシュ二世もその一人だった。

重要な鍵を握っているのが、トゥルゾーである。彼は、エリザベートの後見人であり、バートリ家の財産管理人であった。彼を後見人に選んだのは、夫フェレンツ二世だが、選んだあとに亡くなっており、その死には不可解な点があるという。

ちなみに、二〇〇八年に公開された（日本未公開）映画『アイアン・メイデン 血の伯爵夫人バートリ』（ユライ・ヤクビスコ監督）では、トゥルゾーの陰謀によってエリザベートが「血の伯爵夫人」に仕立てられていくストーリーになっている。

冤罪か、それとも……

前述の新説について、さらに一歩踏み込んでみよう。

マーチャーシュ二世は一二月二七日に、エリザベートの居城を捜査するよう、司法官のトゥルゾーに命じた。これは、実質的な逮捕命令だ。

ハンガリーでは現在、クリスマスイヴの一二月二四日から二六日は祝日になっている。この間、教会でミサが行なわれるが、通常は家族だけで静かに過ごす。そこから祝日である一月一日までは、国全体が休暇モードに入る。裁判記録には「クリスマス後の二七日」と書かれているから、当時も同じようにクリスマスを祝っただろう。今よりも宗教の影響が大きかった時代、民衆を不安にさせるようなことは避けたはずだ。王みずから、クリスマス休暇明けに命令を下すことなど、戦争や災害など緊急事態でなければ考えられない。にもかかわらず、年明けを待たずにトゥルゾーを突入させている。

いっぽう、トゥルゾーも馬を飛ばして急行したが、王の命令でなければ急には動けないし、また動かないだろう。むしろ、あらかじめ準備してあったと考えるほうが自然だ。

また、事件の一報が地方の警察・役所に届いた場合、王よりも先に司法官であるトゥルゾーに話が伝わるはずだ。それが、王からの命令とは不自然である。トゥルゾーが後見人であるエリザベートを助けたければ、王の耳に入れずに事件を握り潰すこともできたはずだ。少なくとも、「悪い噂が立っていますが、本当ですか」とエリザベートに聞いてもおかしくないが、それをしていない。

召使いなど五人が拷問されているが、エリザベートの殺人を認めるよう強要された可能性はないだろうか。証言者が性急に処刑されているのは口封じとも考えられる。また、「逃げた下級貴族の娘の訴え」はあらかじめ仕組んで偽証させた可能性を否定できないし、突入した日にかぎって「庭に犠牲になった娘が放置されていた」のも、いかにも嘘《うそ》くさい。

さらに、城内に多くの遺体が放置されていたら、真夏でなくとも異臭が漂い、そこで暮らす上流階級の人間にはとても耐えられるものではない。近隣の領民にも、容易に嗅《か》ぎつけられただろう。とすると、城内に穴を掘って死体を埋めなければならないが、今日まで城の周囲から白骨の山が発見されたという話は聞かない。

それ以前に、小さな田舎町で何百人もの若い娘を次々と城へ奉公させることは困難だ。しかも、彼女たちが帰ってこないとしたら、いくら領主の力が大きかった時代とはいえ、噂になっていただろう。

このように見てくると、ハンガリー王マーチャーシュ二世、トゥルゾー・ジョルジー伯爵に疑惑の目を向けざるを得ない。少なくとも、彼らは真実の断片は知っていたはずだ。

伝説が広まった理由

エリザベートによる「六五〇人の処女殺し」が世に知られるようになったのは、事件から一〇〇年以上過ぎた一七二九年に出版されたトゥーロッチ・ラースローの著書からだ。この中で、はじめて「血の風呂」が登場する。しかし、同書は地域の口承伝説を集録したもので、言わば『グリム童話』のようなものだ。

ちなみに、小説や映画などで、よく描かれる「血の風呂」だが、これも冤罪の可能性がある。彼女は人体や薬草に興味を持ち、それらの療法についての知識も有していた。城の地下では、病院のように医術も施されていたようで、時には解剖まで行なわれていたという。夫人が心臓や内臓を切り取った、あるいは血をバスタブにためたというのは、近代的な医学研究に対する誤解だったとも推測できるのだ。

その後、学者ベル・マーチャーシュがハンガリーの百科事典にエリザベートについて記したことから、一躍脚光を浴びた。

それから時を経《へ》て、二一世紀に至る現在まで、エリザベートを題材にした作品が数多く発表されている。そのジャンルは小説、ノンフィクション、コミック、ホラー映画、歴史映画、ゲーム、ポルノまで多岐にわたり、多くは事実と創作が混同されている。そして、イメージが一人歩きして、「六五〇人の処女を残忍に殺害した伯爵夫人」という不名誉なレッテルが剥《は》がせなくなった。

エリザベートの刑が確定後、ハンガリーでは彼女について記すことはもちろん、その名を口にすることさえ禁じられた。そして、エリザベートは幽閉から三年後の一六一四年、独房で「なんと冷たい手でしょう」と看守に訴えた翌朝、息絶えているところを発見されている。もし新説が真実ならば、最期の言葉の受け止め方は違ってくる。これほど孤独で哀れな女性はいないだろう。

いっぽう、夫人の死からわずか二年後にトゥルゾーも亡くなり、さらに息子の代で伯爵家は断絶した。これはエリザベートの呪いなのか、それとも、因果応報すなわち悪事への報《むく》いなのか。

第8話――二一世紀に暴かれた、切り裂きジャック

二〇一九年に判明！

一八八八年、イギリスの首都ロンドンで主に娼婦を切り刻《きざ》んだ凄惨な連続殺人は、発生から一三〇年以上が経過し、迷宮入り事件として犯罪史の一ページに収まっている。

しかし、人々の記憶から忘れ去られることはなく、古くは映画『下宿人』（アルフレッド・ヒッチコック監督／一九二七年公開）から、新しいところではコミック『フロム・ヘル』（アラン・ムーア原作／一九九九年単行本化）が二〇〇一年に映画化されている（アルバート・ヒューズ、アレン・ヒューズ監督）。他にも映画とテレビドラマは一〇本以上、小説やアニメに至っては数え切れないほどあり、数々のゲームにも登場している。

この事件が今も色褪《いろあ》せず、リッパロロジスト（切り裂きジャック研究家）たちを惹きつけてやまないのは、犯人が署名入りの手紙を新聞社に送りつけるなど元祖「劇場型犯罪」だったこと（声明文で犯人みずから「切り裂きジャック（Jack the Ripper）」と名乗っている）、

外科医・画家・王室関係者などが犯人として疑われながら現在も特定できずにいること、メスのような刃物で切り刻んだだけなく内臓を引きずり出すなど猟奇犯罪だったことなど

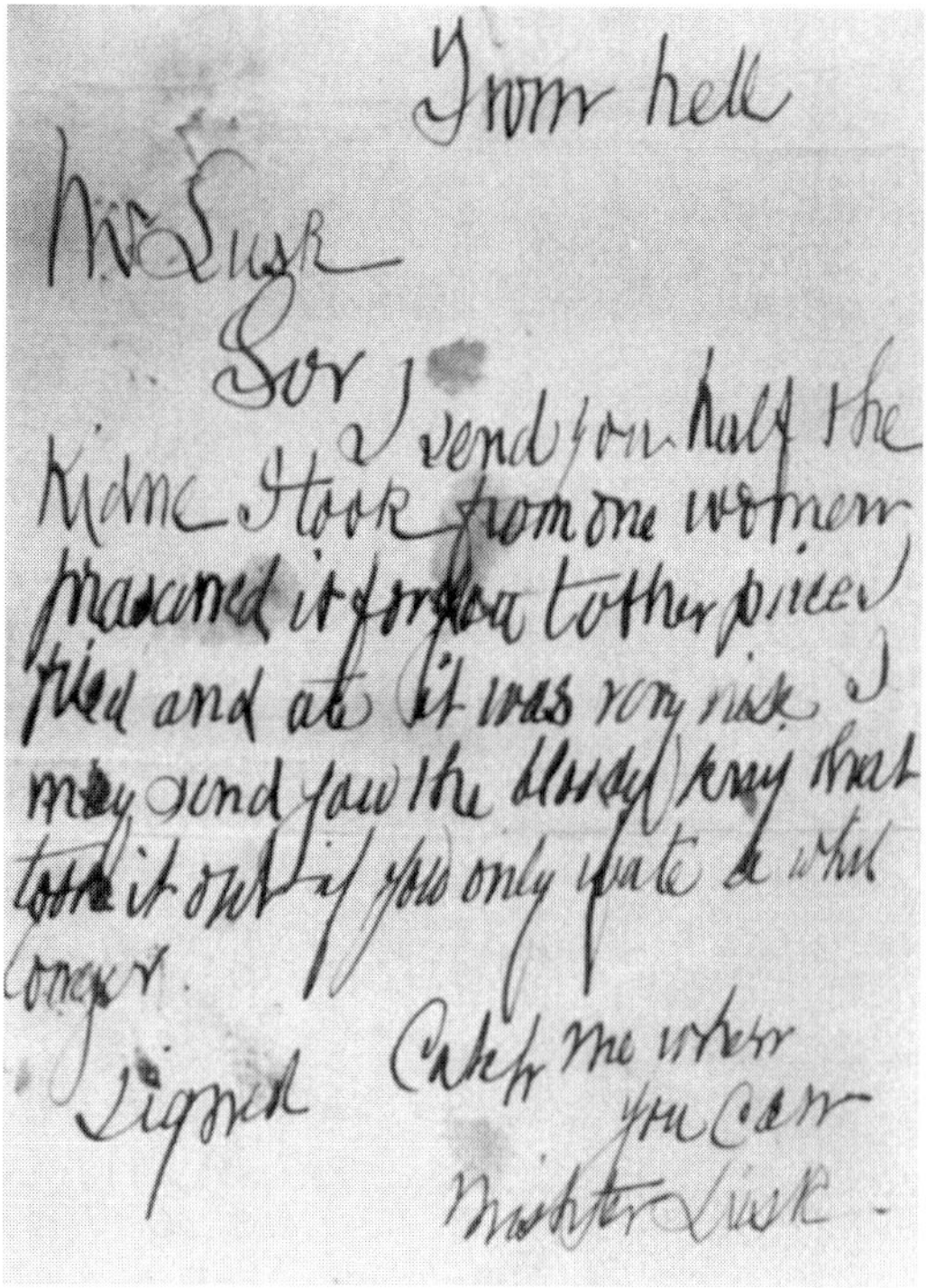
From hell

Mr Lusk
Sor
I send you half the Kidne I took from one women prasarved it for you tother piece I fried and ate it was very nise I may send you the bloody knif that took it out if you only wate a whil longer

signed Catch me when you Can Mishter Lusk

1888年10月16日に届いた、切り裂きジャックが書いたとされる手紙

が挙げられるだろう。

二〇一九年三月一九日発売の雑誌『女性自身』に、「切り裂きジャック、ＤＮＡ解析でついに正体が判明」との見出しが躍った。その真偽については後述するとして、日本の女性誌に一三〇年以上前の海外の事件が掲載されたことは、今も「切り裂きジャック」への関心が尽きないことを物語っている。

　事件現場はロンドン東部、イングランド銀行をはじめとする金融機関やロンドン証券取引所などがあるシティに隣接する「イースト・エンド」と呼ばれる地区である。近年はブティック、ギャラリー、カフェが並ぶなど最新カルチャーの発信地であり、二〇一二年のロンドンオリンピックの際に建てられたクイーン・エリザベス・オリンピック・パークを擁する再開発の象徴的な存在になっている。とはいえ、一部を除いて治安が悪いのは、今も昔も変わらない。

　事件が起こった一八八八年はヴィクトリア女王の治世下で、大英帝国は「太陽の沈まない国」として最盛期を迎えていた。その原動力となったのが産業革命である。技術革新が進み、職を求める地方の労働者がロンドンを目指した。また、欧州大陸からの出稼ぎ労働者、迫害を逃れたユダヤ人などもロンドンに集まってきた。

彼らの中で最下層の人々が住みついたのが、事件現場となったイースト・エンドのホワイトチャペル地区である。

一帯には皮なめし工場、醸造所、食肉処理場があり、それらから垂れ流される廃液や悪臭による不衛生なスラム街となっていた。仕事にあぶれた男たちは時間を持て余し、多くの物乞《ものご》いが道を占拠。夜になると娼婦たちが街角に立った。ホワイトチャペル周辺だけで六二軒の娼館があり、娼婦は一二〇〇人以上いたと言われている。人口過密でいざこざが絶えない、犯罪の温床のような地域だった。

この連続殺人事件は、一八八八年八月三一日から一一月九日までの約二カ月間に起こっている。その前後の類似の事件を含めると一一件におよぶが、まちがいなく同一犯と考えられているのは次の五件である。早速、紹介しよう。

最初の被害者

最初の被害者となったのはメアリー・アン・ニコルズ（四三歳）である。捜査記録によれば、彼女はロンドン市出身で身長一五七・五センチ、瞳の色は茶色で髪は白髪交じりの暗褐色だった。

メアリーは一八歳の時に印刷工と結婚し、三男二女をもうけた。しかし、彼女の入院中に夫が看護師と浮気したことがわかると、子どもを残して家を飛び出し、酒に溺《おぼ》れるようになった。二四年間の結婚生活は完全に破綻した。夫は自分の非を認め、法的にも扶助する義務があったことで、隔週で五シリングを送金していたが、それはあっというまに飲み代に消えたという。生活に困ったメアリーは売春に手を染めるが、娼婦となったことを知った夫は裁判に勝訴して、支援を打ち切った。

メアリーは父親のもとに身を寄せるが、父との折り合いが悪く一年ほどで去る。その後は、鍛冶工の男と同棲していたこともあったが、長くは続かず、救貧院の門を叩く。そして、なんとかメイドの職を見つける。しかし、三ポンド一〇シリング相当の服を盗んだことが発覚し、二カ月で解雇されてしまった。以後、安い共同下宿を転々とすることになる。

一八八八年八月三一日深夜一時過ぎ、メアリーは宿泊代が払えず、下宿先から追い出される。ちなみに、共同下宿の宿泊料は一日四ペンス、メアリーの一回のサービス料とグラス一杯のジンは同じ三ペンスだった。彼女は「大丈夫よ。この帽子があるから。すぐに稼いで戻ってくるわ」と同居人エミリーに言い残すと、夜の街に消えていった。彼女がかぶっていたのは、身分不相応の黒いビロードの縁取りのある洒落たボンネットで、大事な商売道具である。

二時半頃、エミリーはオズボーン・ストリートとホワイトチャペル・ロードの曲がり角でメアリーを見かけた。彼女は壁にもたれかかりながら「三日分の家賃を稼いだけど、もう全部飲んじゃったわ」と酒臭《くさ》い息を吐いた。引き続き下宿代を稼ぐために、客を物色していたのだ。しかし、これが彼女の最後の言葉となった。

一時間後の三時四〇分、バックス・ロウ（現・ダーウォード・ストリート）を走る荷馬車の御者《ぎょしゃ》が、腰のあたりまでスカートがめくれ上がった女がうつぶせに倒れているのを発見した。メアリーである。

通報を受けて駆けつけた警官は、無残な死体に目を覆った。前歯五本が欠け、喉、耳の下、首の両側を一〇～二〇センチほど切り裂かれていた。刺し傷は食道、脊椎《せきつい》にまで達していた。さらに胸骨から恥骨まで下向きにギザギザに切られて内臓が露出。性器にも二カ所の損傷があった。死因は出血死である。

事件後、巧妙にナイフを使った犯罪は皮革製造業者によるものではないかと噂され、犯人を「レザーエプロン」と呼ぶようになった。また、刃物は左から右方向へ向けられたことから、犯人は左利きとも推定された（異論あり）。まもなくポーランド系ユダヤ人の革靴職人が逮捕されたが、アリバイが認められて釈放された。

割り出された容疑者

二人目の被害者はアニー・チャップマン（四七歳）。ロンドン市出身で身長一五二・四センチ、頑丈そうな体軀をしていた。髪が暗褐色だったので、「ダーク・アニー」と呼ばれていた。瞳の色は青く、大きめの鼻を持ち、歯並びはきれいだった。

アニーの境遇も、最初の被害者メアリーと似ている。二八歳の時に馬車の御者をしていた男と結婚して一男二女の子どもを授かる。しかし、末の男の子が障害を持って生まれ、まもなく長女が一二歳で病死したことで、夫婦は酒でさびしさを紛《まぎ》らわせるようになり、結婚一五年目にして別居生活に入った。

アニーはイースト・エンドのホワイトチャペル地区に流れ着き、やがて職人の男と同棲する。その間、夫から毎週一〇シリングの手当てを受け取っていたが、夫がアルコールの過剰摂取で亡くなると送金は途絶えた。「金の切れ目が縁《えん》の切れ目」とはよく言ったもので、同棲していた男は去っていき、共同下宿で暮らすことになった。ふだんはクローシェ編み（かぎ針編み）や花売りで生計を立てていたが、金が底をつくと売春で生活費を補った。彼女を知る者によれば「酒を飲まない時はまじめで親切だった」という。

同じ共同下宿にいた娼婦イライザとは、客を取り合うなど仲が良くなかった。ある日、イライザがアニーに貸した石鹸を返すよう催促すると、アニーは「これで半ペニーの石鹸でも買いなさいよ！」と一ペニー硬貨をテーブルに投げつけた。この日はなんとか収まったものの、数日後に二人が近くのパブで会った際、アニーはイライザの頬に平手打ちを食らわせ、「これ以上叩かれないのをラッキーと思いなさい」と毒づいた。激怒したイライザはアニーの目を殴りつける。この時にできたアザは検死でも残っていた。

殺される前日、道ですれちがった友人に、アニーは疲れはてた姿で、「気分が悪くて何も手につかないわ。でもがんばってお金を稼がないと下宿にいられなくなっちゃうからね」とこぼしていた。

九月八日深夜、アニーはスピタルフィールズのパブ、ザ・テン・ベルズを出たあと、コマーシャル・ストリートを千鳥足で歩いていた。ちなみに、このパブは現在も営業している。そして五時半、ハンバリー・ストリート二九番地の裏手で、彼女よりすこし背が高く、鹿撃ち帽に外套を羽織った外国人風の男と立ち話をしているのを目撃されている。

それからわずか三〇分後の六時頃、アニーの無残な死体が発見されている。彼女のスカートは腰上までたくし上げられ、赤と白の縞模様のストッキングが露《あら》わになっていた。首を絞められたせいか、顔が腫れて舌を突き出していた。最初の被害者メアリー同様、喉が左から右に切られていた。首の周囲はギザギザに切断され、皮一枚で胴体につながっている状態だった。下腹部は切り裂かれ、引きずり出された腸は両肩にかかり、他の臓器も散らばっていた。さらに子宮が切り取られて持ち出されていた。

これらの状況から、解剖学の知識がある者の犯行、あるいは臓器売買のための犯行などと噂されたが、いずれも憶測の域を出なかった。また、『マンチェスター・ガーディアン（現・ガーディアン）』紙は「レザーエプロン」の犯行と書き立てた。やがて、イギリス人コック、スイス人精肉業者、ドイツ人理髪師など多くの容疑者が勾留されたものの、証拠不十分ですべて釈放されている。

内臓が取り出されなかった理由

三人目の被害者エリザベス・ストライド（四四歳）は、スウェーデン第二の都市ヨーテボリの農家の出身だった。他の被害者はロンドンでの困窮生活から娼婦となったが、彼女は地元にいた頃から売春に手を染めていた。身長は当時としては高めの一六五センチで、「ロング・リズ」と呼ばれていた（一五七センチ説やニックネームの由来にも異説あり）。瞳の色は明るめのグレー、髪はウェイヴがかった暗褐色で、殺害時には上の前歯が欠けていた。

エリザベスの一家は彼女が二三歳の時にロンドンに移住し、まもなく一三歳年上の船大工と結婚する。夫婦でカフェを開いたこともあったが、経営に行き詰まったのちに別居生活に入った。別居後はこれまでの犠牲者と同じく、ホワイトチャペルの共同下宿に身を寄せる。なお夫は三年後に結核で亡くなっている。二人の間に子どもはいなかった。

三カ国語に通じながらも共同下宿に落ち着いたのは、酒で身を滅ぼしたからで、清掃人などをするかたわら、夜は街角に立った。彼女を穏やかな性格だったと評する者もいたが、実際は泥酔しては暴れ、時々警察の厄介になることもあったらしい。

事件前日の九月二九日夜、エリザベスは客と見られる男たちと接触しているところを目撃されている。一人目は二三時頃で山高帽にスーツ姿で口髭をたくわえた背の低い男、二人目は二三時四五分頃で庇《ひさし》のついた帽子をかぶった男、三人目は日付の変わった三〇日〇時三五分頃でフェルト帽をかぶった男である。

また、○時四五分頃にエリザベスがダットフィールズ・ヤードの路上で襲われ、地面に倒れ込むのを目撃したとの証言もある。記録によれば、犯人は近くにいた男に向かって、「リプスキー（毒殺犯で絞首刑になったポーランド系ユダヤ人）」と声高に叫びながら逃走したという。これとは別に○時四五分頃、現場付近でエリザベスよりすこし背の高い恰幅《かっぷく》のいい男の誘いを彼女が断っているところを目撃したという証言もある。

いずれにせよ三〇日一時前、エリザベスは死体となって発見された。医師が駆けつけた時はまだ体は温《あたた》かった。首に巻いたネッカチーフをうしろから突然引っ張られて倒されたようで、左から右に一五センチほど切られた首の傷は頸動脈《けいどうみゃく》に達していた。

これまでの被害者のように、内臓を取り出されなかったのは、犯人が通行人の気配を感じてあわてて現場から逃走したからではないかと推測されている。十分欲求を満たせなかったであろう犯人は、一時間もたたないうちに四人目の被害者を血祭りに上げている。

なお、多くの目撃証言があったものの、結局、犯人逮捕には至らなかった。

犯人の落書き

四人目の被害者キャサリン・エドウズ（四六歳）は、エリザベス・ストライドの死体発見から約五〇分後の一時四五分頃に遺体として発見された。

　キャサリンはイングランド中部のウルヴァーハンプトン出身で身長一五二・四センチ、瞳の色は薄茶色で髪は黒めの赤褐色だった。彼女の父親はブリキ職人で、一一人兄弟姉妹の中で育った。家族でロンドンへ引っ越したのちに、元兵士のトーマス・コンウェイと親しくなり、結婚することなく二男一女を産んだ。検死によれば、彼女の左腕には、TC（トーマス・コンウェイ）のタトゥーがあったという。

　やがてキャサリンは酒に溺《おぼ》れる自堕落な生活に陥ると、家族を置いて家を飛び出す。そして、出奔後に知り合った男と、スピタルフィールズにある一晩四ペンスの共同下宿で暮らし始めた。家賃は売春でまかなっていた。友人の話では、彼女はすこし気の強いところはあるが、常に歌を口ずさむなど陽気で賢《かしこ》い女性だったという。

　事件の前日である九月二九日二〇時三〇分頃、泥酔したキャサリンはアルドゲート・ハイ・ストリートをおぼつかない足取りで歩いていた。通行人相手にくだを巻くと、深く一礼し、路上に崩れ落ちて眠ってしまった。通りかかった警官は二人がかりで警察署へ運び入れたが、身元を聞いても「名前なんてないわよ！」と言う始末。結局、酔いが覚めるまで留置することにした。

翌三〇日〇時一五分頃、留置場からキャサリンの歌声が聞こえてきた。警官が見に行くと「いつ出してくれるのよ?」とぶっきらぼうに尋ねた。「自分の面倒が見られるようになったらだ」と言われると、「だったら、もう大丈夫よ」とうそぶいた。〇時五五分。帰り際、「今、何時?」と尋ねた彼女に対し、警官は「これから飲むには遅すぎる時間だ」と返した。「おやすみなさい。年寄りの雄鶏《おんどり》さん」と言うと、彼女は警察署を出た。

もし、あと三〇分長く留置場で眠っていたら、彼女は殺されずにすんだかもしれない。警察署を出て通りを左折すると、事件現場マイター・スクウェアまでは歩いて八分ほど。三本の通りが広場へと続いているが、そのうちの一本の道を逆方向から切り裂きジャックが歩いてきたと思われる。広場には大きな倉庫が三つ、近くにはシナゴーグのほか精肉店と食肉処理場があった。

一時四五分、巡回中の警官が広場の南西の隅でキャサリンの死体を発見する。彼はランタンを提《さ》げて、一二〜一四分おきにパトロールしていたが、一時三〇分に来た時には死体はなかった。のちに、見晴らしのいい広場には隠れる所などないと証言している。それが事実なら、わずか一五分の間に犯罪が行なわれたことになる。

仰向《あおむ》けに転がされた遺体の左足は真っすぐに伸び、右足は膝のところで曲がっていた。

首は鋭利な刃物で切断され、頸動脈に達していた。腹部は縦に切り裂かれ、腸のほとんどが引きずり出されて右肩の上に乗っていた。左の腎臓は切除されて持ち去られていた。顔の裂傷は両まぶた、両頬におよび、鼻や右耳の一部が切り取られていた。

　監察医は、左の腎臓がきれいに取り除かれていたことから、犯人にはある程度解剖の知識があり、食肉処理に従事している可能性を示唆した。しかし、別の監察医はこれを否定し、犯人には解剖学の知識も技術もないと記している。

　犯人はこの時、大きな物的証拠を残している。事件現場付近を捜索したところ、ゴールストン・ストリートでキャサリンが着用していたエプロンの一部が発見されたのだ。それには血液と糞便が付着していた。さらに、発見された場所の壁には、白いチョークでユダヤ人を非難する落書きがされていた。

　付近には、多くのユダヤ人が暮らしており、この落書きの存在が一般に知られたら、暴動が起こることを危惧したスコットランドヤード（ロンドン警視庁）は、警視総監の命により消してしまった。しかし、写真を撮らずに消してしまったため、今に至るも明確ではなく、証言者によって異なっている。

①ロンドン警視庁巡査（第一発見者）
The Juwes are the men that will not be blamed for nothing.

②ロンドン市警察
The Juwes are not the men who will be blamed for nothing.

③ロンドン市測量技師
The Juws are not the men To be blamed for nothing.

④ロンドン警視庁（報告書）
The Jewes are not the men to be blamed for nothing.

まず、「Juwes」もしくは「Juws」とは、「Jews（ユダヤ人）」のスペルミスと思われる。次に「not」と「nothing」は、コックニー（ロンドンの労働者階級で使われる方言）特有の二重否定である。これを通常の英語に置き換えると、「Jews will not take responsibility for anything.（ユダヤ人は何をしてもお咎《とが》めなし）」と言い換えられる。

この落書きの語法と内容をめぐって、さまざまな推測や憶測がなされた。それらは「犯人はユダヤ人で、犯人がユダヤ人を非難している」説、「犯人はユダヤ人に濡《ぬ》れ衣《ぎぬ》を着せるために落書きした」説、「犯人はもともとあった落書きのそばに偶然エプロンを捨てた」説など。

さらに「Juwes」という誤った単語は、フランス語「juives（英語のJewish）」と似ていることや、当時フランスでは娼婦が殺害されることが多かったことから、フランス人の犯行ではないかという憶測も呼んだ。しかし、犯人特定にまでは至らなかった。

最後の犯行

五人目の被害者メアリー・ジェーン・ケリー（二五歳）はアイルランド出身で身長一七○センチ、青い瞳と金髪もしくは赤髪（ブルネットの説あり）だった。

彼女が子どもの頃、一家は故郷アイルランドからウェールズへと引っ越した。父親は製鉄所で働く労働者で、九人の子どもがいたという。メアリーは一六歳の時に炭坑作業員と結婚したものの、夫は数年後に炭鉱の爆発事故で死亡している。若くして未亡人となった彼女はロンドンに移り、娼婦となった。美しい顔立ちと均整の取れたプロポーションに、身につけていた白いエプロンも相まって清潔感があった。彼女はイースト・エンド界隈では人気があり、五人の被害者の中で唯一の専業娼婦だった。

また、他の被害者が全員四十代だったのに対し、彼女は二五歳。稼ぎもよく、共同下宿ではなく自分のアパートを借りていた。しかし、そのために、もっとも凄惨な方法で殺害されることになる。

一一月八日二三時四五分頃、メアリーは太った山高帽の男と部屋に入るところを同じアパートに住む娼婦仲間が目撃している。それから一時くらいまで、彼女の歌声が近隣に響いていた。アパートの別の住人が三時に帰宅した時、メアリーの部屋の灯《あか》りは消えていた。四時頃、「人殺し！」という叫び声を別の住人二人が耳にしているが、このようなことはよくあることで、あまり気にも留《と》めなかったという。

翌朝一〇時四五分頃、大家の使いとして借金取りがメアリーの部屋を訪ねた。彼女は、一カ月半も家賃を滞納していたのだ。何度かノックしても反応がないので、ドア横の割れたガラスをカーテン代わりに内側からふさいでいるコートを押しのけて覗くと、血みどろになったメアリーがベッドに横たわっているのが見えた。

警官が急行すると、そこには地獄絵さながらの光景が広がっていた。彼女の腹部と大腿《だいたい》部《ぶ》の皮は剥《は》がされてテーブルにかけられ、腹は空っぽで、子宮と腎臓は頭の下に置かれていた。肝臓は大きく開いた両足の間、脾臓《ひぞう》と腸はそれぞれ体の左右に転がっていた。二つの乳房は切り取られ、赤く染まった顔は判別できないほどの裂傷を負っていた。さらに、心臓は持ち出されていた。唯一無傷の眼と耳から、メアリーの愛人がようやく本人と確認することができた。

　致命傷となった首の傷は深く、頸椎《けいつい》にまで達していた。犯人はまず首を鋭利なナイフで切り裂くと、誰もいない部屋で二時間ほどかけてゆっくり死体を弄《もてあそ》んだようだ。

　この事件を機に犯行は終息する。多数の容疑者が挙げられたが、結局、犯人を特定することはできなかった。警察は、犯人は残虐きわまりない殺人を犯した末に精神に異常をきたして発狂したか、自殺したかに違いないとの見解を発表。捜査を打ち切った。

犯人からの手紙

二〇一八年四月三〇日、文末に「俺は切り裂きジャックだ」と書かれた葉書が、ロンドンで競売にかけられた。

　実は事件当時、「切り裂きジャック」を名乗る者から手紙が届いていた。劇場型犯罪の嚆矢《こうし》と言われるだけあって、その総数は七〇〇通を超える。しかし、そのほとんどが面白半分に送られたものか、タブロイド紙の増売を狙って作られたもので、犯人と推定されるのは三通しかない。もちろん、この三通も犯人が書いたという確証はないが、事件の謎を深める要素の一つであり、紹介しないわけにはいかない。

一八八八年九月二七日、新聞社のセントラル・ニューズ・エージェンシーに手紙が届いた。封筒には、イースト・ロンドン郵便局の九月二五日の消印があった。手紙は、捜査機関を嘲笑《あざわら》うかのような挑発的な言葉に満ちており、スペルミスや文法上の誤りはわざとではないかと推測されている。全文を掲げよう。

「親愛なるボス、警察は俺を捕《つか》まえたような口を利《き》いてるが、まだ特定なんかできていやしない。利口ぶって捜査について話しているが、とんだお笑い草さ。レザーエプロンが俺だなんて、冗談もいいところだ。俺は娼婦が大嫌いだから、捕まるまで切り裂いてやる。前回は大仕事だったよ。女には声も上げさせなかった。奴らはどうやって俺を捕まえるっていうんだ。俺はこの仕事が気に入ってるんで、またやるさ。俺のおもしろいゲームをもうじき耳にするだろうよ。手紙を書こうと思って、この間の仕事で、真っ赤な血を生姜《しようが》ビールのボトルに詰めておいたが、接着剤のように粘って使いものになりゃあしない。まんざら赤インクも悪くないだろう。ハ。ハ。次は、女の耳を切り取って送るから、警察の旦那のお慰みにしてくれ。俺が仕事をしたら、この手紙を公表してくれ。俺のナイフは切

れ味抜群だ。チャンスがあればすぐにでも取りかかる。グッド・ラック。敬具
切り裂きジャック
トレードネームを使わせてもらう」

この手紙で、はじめて「切り裂きジャック」という名が登場したのだ。以降、定着する。ちなみに、「ジャック」はイギリスではごくありふれた名前で、たとえば日本の「太郎」のようなものだ。この名前をトレードネームとしたところに、人を食った挑発的な犯人像が見て取れる。

イギリスでは当時、新聞は二〇～三〇紙を数え、他にもイエローペーパーが鎬《しのぎ》を削っていた。セントラル・ニューズ・エージェンシーはセンセーショナルな記事を売り物にするタブロイド紙を発行しており、同社が生き残りをかけて捏造《ねつぞう》した記事ではないかと疑われた。しかし、この手紙が届いた三日後に殺害された四人目の被害者キャサリンの死体からは、犯人が予告したように耳の一部が切り取られていた。

殺害予告

最初の手紙が届いてから四日後となる一〇月一日、またもやセントラル・ニューズ・エ

ージェンシーに、「切り裂きジャック」の名で葉書が届く（消印は同日）。血が擦りつけられた、その葉書の内容は次のようなものだった。

「老いぼれのボスさん、俺があんたにヒントをやったのは冗談じゃないぜ。明日になれば、小粋《こいき》なジャックさまの仕事を耳にするだろうよ。今回はダブルイベントだ。一人には騒がれたので、うまく仕上がらなかった。耳を切り取って警察に送る時間がなかった。この仕事をするまで、手紙を預かってくれたことに感謝する。
切り裂きジャック」

文面にある「ダブルイベント」とは、前後して行なわれた、三人目の被害者エリザベスと四人目の被害者キャサリンの二つの殺人事件を指していると思われる。前述のように、通行人に見つかるのを恐れた犯人はエリザベスを切り刻むことなく逃走している。

しかし、事件が一般に知られてから、この葉書を書いても時間的にはギリギリ間に合うため、これが「犯人しか知り得ない事実」とは言えない、つまり犯人が書いたのではないとの見方もある。

二〇一八年二月、法医学言語学者が当時の二〇九通の手紙や葉書を調査したところ、最初の手紙とこの葉書は同一人物の手によるものとの結論を下した。また、セントラル・ニユーズ・エージェンシーのジャーナリストが警察に届けた別の二通の手紙とも共通点が見つかったという。

送られてきた腎臓

二通目の葉書から約二週間後の一〇月一六日、今度はホワイトチャペル警戒委員会のジョージ・ラスク会長のもとに七～八センチ四方の紙の箱が届く。箱の中には、干《ひ》からびた肉片と手紙（159ページの写真）が入っていた。

「地獄より　ラスク様

拝啓　ある女から切り取った腎臓の半分を送る。あんたのためにとっておいてやったんだ。もう半分は油で揚げて食っちまった。とってもうまかったぜ。これを切り取るのに使ったナイフを送るから、もうちょっと待っててくれ。

ラスク殿、捕まえられるものなら捕まえてみろ」

手紙の内容は、これまでの手紙同様、四人目の被害者キャサリンを指していると思われる。実際、犯人は彼女の左の腎臓を切り取って持ち去っている。新聞では、この腎臓は四五歳くらいのアルコール依存症で腎臓炎を患《わずら》った女性のものと報じたが、王立ロンドン病院の鑑定書には、ワイン漬けにした腎臓とだけ書かれている。なお、前述のコミック『フロム・ヘル』のタイトルは、手紙冒頭の「地獄より（From Hell）」から取られたものだ。

しかし、警察はこの手紙を悪質ないたずらとして片づけた。

犯人は王室関係者!?

「切り裂きジャック」から挑戦状を叩きつけられたロンドン警視庁は、威信をかけて捜査に乗り出し、一〇〇人以上の容疑者をピックアップした。しかし結局、犯人を特定することができず、事件は迷宮入りする。

容疑者の中には、なんと王室関係者もいた。その人物こそ、ヴィクトリア女王の孫で、当時父（のちのエドワード七世）に次ぐ王位継承権者のアルバート・ヴィクター王子（クラレンス公）である。ヴィクター王子は夜な夜な変装してはイースト・エンドに出かけ、警察が同性愛者の売春組織を摘発した際には逮捕されたこともあったという。バイセクシュアル（両性愛者）との説もあり、肺炎で亡くなったことになっているが、本当は梅毒だったとも言われている。

ヴィクター王子が犯人であると主張したのは、医師のトーマス・ストウェルである。一九七〇年、王子が犯人である証拠をストウェルが所持、あるいは見たとする記事が、犯罪学の学術誌に掲載された。記事によれば、ストウェルは王室の侍医ウィリアム・ウィジー・ガル卿の娘に書類の整理を頼まれた際、ヴィクター王子に関する機密書類を発見し、犯人であると知ったという。

数日後、ストウェルはＢＢＣに出演すると、王子が犯人であることを暗に肯定した。しかし、その後『タイムズ』紙では前言を翻《ひるがえ》す手記を掲載する。そして、反響の大きさに耐えられなかったのか、時日を経ずして老境のストウェルはあっけなく亡くなった。

なお、ヴィクター王子には事件当日のアリバイが存在し、犯人ではないとされている。しかし、王子犯人説の信奉者は、王室の後ろ盾があればアリバイ作りは難しくないし、王子が直接手を下さずとも、下の者に殺害させることが可能だと主張する。それでは、犯行動機はどうか。これこそ、イギリス王室によくある恋愛がらみのスキャンダル隠しだという。

いわく、ヴィクター王子は友人の画家のモデルをしていたアニー・エリザベス・クルックと恋愛関係に陥り、子どもができた。その隠し子の乳母こそ、最後の犠牲者メアリー・

ジェーン・ケリーだった。やがて、隠し子の存在は王室の知るところとなり、スキャンダルが発覚することを恐れた王室はガル卿を使い、アニーを精神病院に隔離する。そして、口封じのために「切り裂きジャック」を仕立て、メアリーと秘密を知った娼婦仲間を次々に殺害したというのだ。

これとは別に、メアリーと娼婦仲間がスキャンダルをネタに王室をゆすり、それによって殺害されたという見方もある。そして、王室関係者が犯人であることを知っていた警察上層部は、事件のもみ消しをはかった。前述の落書きを消したのもそのためだという。

よくできた筋書きだ。しかし、事件前年に脳卒中で倒れたガル卿が関与できるわけがないとの意見もあり、決定的証拠がないかぎり、肯定も否定もできない。この王室関与説は前述の映画『フロム・ヘル』の元ネタになっている。

有名作家が謎解きに挑戦

この謎解きに、数百万ドルという巨額の私費を投じて挑んだのが、推理作家パトリシア・コーンウェルだ。『検屍官』でエドガー賞処女長編賞などを受賞した彼女は、本国アメリカのみならず、世界中に多くのファンがいる。

コーンウェルは二〇〇一年、ロンドン警視庁を訪問した際、たまたま切り裂きジャック事件の現場を案内されたことから、関心を持つようになった。そして、個人的な調査を進めた結果、一人の男が真犯人であるとの確信を持つに至る。

その真犯人とは、二〇世紀モダニズム絵画の先駆となった、画家ウォルター・シッカートだ。シッカートは一八六〇年、ドイツに生まれた。父はイラストレーター、祖父も画家だった。その後イギリスに移住し、結婚後はパリで絵を描いていた。一九〇五年にロンドンに舞い戻ると、カムデン・タウンにアトリエを構える。

一九〇七年、カムデン・タウンで一人の娼婦が殺害された。犯人は性交後、眠っていた女の喉をナイフで切り裂いている。この猟奇殺人は「カムデン・タウン殺人事件」と呼ばれ、今も未解決のままだ。

翌年、シッカートが描いたのが、『カムデン・タウンの殺人』である。絵の中では、ベッドに裸で横たわる女に背を向けて、憔悴《しょうすい》したように一人の男がうつむいたままベッドに腰かけている。タイトルから察するに、この男が殺人犯ということなのだろう。この年には、『切り裂きジャックの寝室』（マンチェスター市立美術館所蔵）も描いている。ブラインドが下がった光のない部屋で、背中を向けて男が立ち尽くす息の詰まりそうな絵だ。切り裂きジャック事件で、唯一屋内で殺されたのは最後の被害者メアリーであるから、その部屋を描いたのだろうか。

コーンウェルは、シッカートの絵画に異常な暗さ、凶暴性に満ちた病《や》んだ精神、女性への憎悪を感じたという。さらに、シッカートは少年期に父親から虐待されて強迫神経症になったこと、幼少期に先天的な男性器の奇形を手術したことで性的不能となり、女性に対してコンプレックスを持っていたことなどを突き止めた。その怒りを娼婦にぶつけた——というのが、コーンウェルの推理である。

シッカートの五〇歳頃の写真を見ると、ポマードで髪をなでつけた端正な面持《おもも》ちからは、どことなく吸血鬼ドラキュラ風の冷酷さを感じる。

当然だが、シッカートの絵が事件を暗示するものであっても、犯罪の証拠にはならない。そのため、コーンウェルは科学的証拠をそろえる。まず、彼の三〇枚の絵を買い集めると手がかりを捜した。また、イギリス政府の許可を得て、イギリス公文書館に保管されていた切り裂きジャックの手紙と、ロンドン警視庁に保管されていた犯人からの手紙から、ＤＮＡの採取を試みる。しかし、共に採取できなかった。

それでもコーンウェルはあきらめず、時間の経過に耐えられる別のミトコンドリアＤＮ

A鑑定法を用い、手紙に貼ってある切手や封筒に付着した唾液から再調査を行なった。その結果、一八八八年一一月二二日にマンチェスターから出された手紙と、シッカートが妻に書いた手紙のDNAの一つが一致した。コーンウェルはこの結果をもって、シッカートが犯人であるとした。

しかし、この鑑定法はミトコンドリア内のDNAが母性遺伝する特性を使ったもので、殺人事件で動かぬ証拠とされる、個人を特定する核DNA鑑定とは異なる。これでは、シッカートを犯人と断定できないと批判されている。それ以前に、鑑定に使われた手紙が、犯人が書いたという確証もない。さらに、事件が起きた日にシッカートはフランスにいたとの情報もあるようだ。

DNA鑑定

二〇一四年、イギリスで事件を扱ったルポルタージュ“Naming Jack the Ripper”が刊行された（邦題『切り裂きジャック 127年目の真実』二〇一五年）。著者はイギリス在住の企業家で、著名なリッパロロジストのラッセル・エドワーズである。

エドワーズが事件の解明に乗り出したのは二〇〇七年、四人目の被害者キャサリン・エドウズが所有していた血痕つきのショールをオークションで落札したのがきっかけだ。

これは現場検証に立ち会った警官が上司に頼み込んで手に入れ、その後、家族が保管していた。その後、一九九九年にロンドン警視庁の犯罪博物館に寄贈されたものの、証拠品として立証できなかったため所有者に戻されていた。もちろん、鑑定書などあるはずもなく、本当にキャサリンのショールなのかはわからない。実際、リッパロロジストたちは、この眉唾《まゆつば》物の遺品に冷淡だ。

このショールには、菊の模様がデザインされていた。イギリスでは、九月二九日に聖ミカエル祭が行なわれるが、もともと秋の収穫に感謝するものだ。この季節に咲くのが、エゾ菊に似たミクルマス・デイジーであり、この模様がショールにあったのだ。ミカエル祭は、西方教会では九月二九日、東方教会（正教会）では一一月八日に開催される。エドワーズは、この二日間に最後の三つの殺人事件が起きたことを関連づけた。

そして、ショールの鑑定を行なったところ、赤外線カメラで黒く固まった血痕を発見。また、紫外線写真では精液の痕跡が浮かび上がった。しかも、殺害されたキャサリンから持ち去られた腎臓のものと思われる細胞まで見つかった。細胞の持ち主を特定するため、ＤＮＡ鑑定を実施する。しかし、劣化が激しく、個人が特定できる核ＤＮＡ鑑定ができない。しかたなく、ミトコンドリアＤＮＡを調べた。

エドワーズはキャサリンの女系の子孫を見つけ出すと、協力を依頼する。検査の結果、ショールに付着していたミトコンドリアＤＮＡと、この女性のミトコンドリアＤＮＡが一致した。

エドワーズはさらに、当時のロンドン市警察で「ポーランド出身の理髪師アーロン・コスミンスキーが犯人」と考えていたとの情報を犯罪博物館から得る。コスミンスキーは、一八八〇年代にロシアの迫害から逃れ、ホワイトチャペル地区に住みついたユダヤ人だ。妄想型統合失調症を患い、最後は精神病院で亡くなっている。女嫌いで、娼婦を憎んでいたという。写真を見ると、広い額《ひたい》の下には落ち窪んだ鋭い目を持ち、長いもみあげと口髭をたくわえるなど狂暴な容貌をしている。

続いて、ショールの精液の鑑定を試みたところ、やはり劣化が激しく、鑑定は不可能だった。しかし、犯人が射精した際に剝《は》がれ落ちたと見られる尿道の上皮細胞を発見。今度はコスミンスキーの妹の子孫にあたる女性を捜し出して、女性の口内からミトコンドリアＤＮＡを採取したところ、二つのＤＮＡが一致した。

ただし、これではミトコンドリアＤＮＡの一致から犯人を特定したコーンウェルと同じである。ところがエドワーズは、ショールから採取したミトコンドリアDNAと被害者の子孫のミトコンドリアDNAに、二九万人に一人の確率でしか見られない同一の突然変異を発見。自信を持ってコスミンスキーを犯人と断定した。

エドワーズの発表後、『インディペンデント』紙はDNA鑑定に致命的なミスがあったと報じる。同紙によれば、エドワーズが発見した二九万人に一人の突然変異「314.1C」は、「315.1C」の表記の誤りであり、「315.1C」はヨーロッパでは九九％の人が持つありふれたDNA変異だという。これに対し、エドワーズ側は「再調査を行なっている」とだけコメントをした。

二〇一九年三月、法医学専門誌『Journal of Forensic Science』に、改めてこの調査が掲載された。冒頭で紹介した『女性自身』の記事はこの調査を指している。長い沈黙を破って再び登場したエドワーズは、有識者たちの査読を受けた論文として〝理論武装〟していた。

同誌によれば、新たにSNP《スニップ》（＝一塩基多型《いちえんきたけい》。個人間の遺伝情報のわずかな違い）検査を行ない、犯人の髪と瞳の色は茶色であることがわかったという。一般的に、イギリス人の瞳の色は茶色より青が多く、いっぽうコスミンスキーは髪も瞳も茶色だった。

また、前述のショールは高価なシルク製で、殺される前日に靴を質入れしたほど生活に困っていたキャサリンが買えるようなものではない。さらに、ショールの素材を調べたところ、ロシアのサンクトペテルブルク近郊で製造された可能性が高く、当時ロシアの統治下にあったポーランド生まれのコスミンスキーが購入し、本人が着用していた可能性が高いと主張している。

これらはあくまでも想像の域を超えるものではないし、ショールは当時ヨーロッパのどこでも手に入るものだったとの批判もある。

犯人は女性だった⁉

最後に、作家で元弁護士、著名なリッパロロジストのジョン・モリスの説を紹介したい。モリスは二〇一二年に刊行された著書『Jack the Ripper：The Hand of a Woman』(日本語版なし)の中で、犯人が女性であったことは疑う余地がなく、動機・凶器・解剖の専門知識など事件に必要な要素をすべて持っているリジー・ウィリアムズこそ犯人と主張している。

リジーは裕福な実業家の娘として生まれ、ヴィクトリア女王の侍医ジョン・ウィリアムズ卿に嫁いだ。ウィリアムズ卿はホワイトチャペルで産婦人科病院を経営していたが、夫婦には子どもができず、三八歳だったリジーは深く悩んでいたという。このこともあってか、夫の愛は次第に醒め、浮気に走るようになる。その不倫相手こそ、五人目の被害者となったメアリー・ジェーン・ケリーだった。

　リジーは夫を奪ったメアリーを憎み、同時に相手に子どもができると、夫から捨てられるのではないかと恐れた。その嫉妬と憎しみはやがて殺意へと変わる。「娼婦は簡単に妊娠するが、子どもを持つ資格などない」と考えた彼女が「切り裂きジャック」を語って娼婦の連続殺人を仕組んだというのだ。

　犯人は被害者五人のうち、三人の子宮を切除している。当時は子宮の位置さえ一般には知られておらず、解剖学の知識がなければ簡単に切除できるものではなかった。しかし、夫から医術を学んでメスの使い方を習得していたリジーなら、それが可能だったとモリスは主張している。

　モリスは、犯人が女性である証拠は他にもあるという。

　まず、二人目の被害者アニーの足元にあった遺品が、「女性を感じさせる方法」で整頓して置かれてあったこと。次に、四人目の被害者キャサリンの死体のそばの血だまりの中に、女性用ブーツに使われる小さなボタンが三つ発見されたこと。さらに、最後の被害者メアリーのアパートの暖炉から、本人のものではない女性の衣服の燃えカスが発見されたことである。

しかし、これらは決定的な証拠とは言えない。事件は、科学のさらなる進歩によって解明を待つしかないだろう。しかし案外、変質者による単純な殺人事件だったのかもしれない。

第四章

歴史の闇

第9話――ルートヴィヒ二世の幽霊

幽霊に導かれた失踪事件

中世の面影《おもかげ》を残す、ドイツのロマンチック街道。その終点フュッセンの近郊にあるノイシュヴァンシュタイン城（次ページ上段の写真）はその名の通り、白鳥（シュヴァン）を想起させる優美な姿で多くの観光客を集めている。若い読者には、東京ディズニーランドのシンデレラ城のモデルと言ったほうがわかりやすいかもしれない。

ヨーロッパの城は、王家の居住用の宮殿か戦争のための砦であることが普通だが、この城はそのどちらでもない。一人の王が多額の国家予算を投じて、みずからの耽美な夢の世界を実現するために建てたものだ。その王こそ「狂王」「建築王」の異名を取る、バイエルン国王ルートヴィヒ二世（一八四五～一八八六年、次ページ下段の写真）である。その死因は、公式発表である自殺をめぐって今も論争が絶えない。

今年でヨーロッパ滞在歴三〇年となる私が、最初の海外旅行で訪れたのが、この城だっ

上／「新白鳥城」と訳されることが多いノイシュヴァンシュタイン城。下／第4代バイエルン国王ルートヴィヒ2世

た。まだインターネットはなく、ガイドブックにも詳細な情報が記載されていない一九八〇年代のことだ。山の麓《ふもと》にあるチケットセンターの長蛇の列に並び、ようやく窓口に辿り着くと、入場は数時間後だと言われた。それでは列車の時刻に間に合わず、泣く泣くあきらめた経緯がある。

ヨーロッパに移住後は雑誌の取材で何度も訪ねているうちに、「王の幽霊が出る」という噂を耳にした。興味が湧いた私が調査をしたところ、あらまし次の内容がわかった。

前述の通り、王が亡くなった時、王国政府は「精神的な病気を患っていたルートヴィヒ二世が、入水自殺をはかった」と発表された。国民に人気があり、また死の三日前に退位させられた王への憐憫《れんびん》と死因の疑惑も手伝い、やがて「ノイシュヴァンシュタイン城でルートヴィヒ二世の姿を見た」、「麓のホテル付近で王を見た」との噂が広まる。そのホテルはノイシュヴァンシュタイン城からも、幼少から青年期を過ごしたホーエンシュヴァンガウ城からも近い。亡き王が昔をなつかしんで現れたのでは、とまことしやかに囁《ささや》かれた。日本人観光客が王の霊に取り憑かれたという噂も聞いた。ちなみに、同城を訪れる外国人観光客では日本人がダントツに多い。

これらの中で、もっとも有名な噂は次のようなものだ。

エリザベータという一三歳の少女が、母親と一緒にノイシュヴァンシュタイン城を訪れた。二人が訪問した六月一三日は、奇しくもルートヴィヒ二世の命日だった。城内にはたくさんの部屋があり、二人は隈《くま》なく見て回った。どこの部屋も美しい装飾が施され、少女はいささか興奮気味だった。そして、いつのまにか母親とはぐれてしまう。やがて娘がいなくなったことに気がついた母親は必死で捜し回ったが、どこにもいない。係員にも捜してもらったが見つからず、とうとう警察に捜索願を出した。

その日の夕刻、エリザベータはベルグ城の前にいるところを無事に保護された。ベルグ城はノイシュヴァンシュタイン城から約八〇キロ離れたシュタルンベルク湖畔にある。ここは王が亡くなる前に幽閉された城だった。しかし、そんな遠くの城にどうして一人でいたのか。母親が娘に理由を尋ねたところ、彼女はおびえながら次のように答えた。

「（ノイシュヴァンシュタイン城の）王様の寝室に入ったの。そしたら、うしろから誰かが私の肩に手を置いたのよ。振り返ると、青白い顔をしたルートヴィヒ二世が立っていた。肖像画と同じだったから、すぐにわかったわ」。

ルートヴィヒ二世は「こっちにいらっしゃい」と手招きして、ピアノが置いてある部屋に案内した。そこで王がピアノを弾いていると、突然たくさんの兵隊が押し入り、王を捕らえた。王はそのまま湖へ連行されると、銃殺されてしまった。その後、死んだはずの王が起き上がり、彼女に「そろそろお帰りなさい」と言ったところで、エリザベータは意識を失い、気がつくとベルグ城の前に立っていたというのだ。

はたして、王の死の真相はいかなるものか。その生涯を追いながら探っていこう。

バイエルン王国の若き王

領邦国家・諸公国が群雄割拠した一三～一九世紀のドイツで、歴史と格式を誇るヴィッテルスバッハ家が約七四〇年にわたり統治したのが、一八〇六年成立のバイエルン王国である。首都は、現在もバイエルン州最大の都市ミュンヘンである。

ルートヴィヒ二世は一八四五年八月二五日〇時半、ミュンヘン郊外にある王家の夏の離宮ニンフェンブルク城で生まれた。偶然にも、王位にあった祖父ルートヴィヒ一世と同日同時刻の誕生だった。そのため、祖父王は大いに喜び、自分と同じ名前をつけたという。しかし、実際は数日前に生まれていたが、あえてこのように発表したとの説もある。よく、ルートヴィヒ二世の誕生から死までが謎と言われるが、それは、この誕生秘話も含めてのことだ。

城の名は、宮殿大広間の天井画『女神フローラに敬意を表するニンフ（妖精）』からつけられている。王が誕生した部屋は現在一般公開されており、室内は当時のままモスグリーンの色調で壁と家具が統一されている。広大な庭には『グリム童話』を彷彿《ほうふつ》させる森が広がり、池には白鳥たちが泳いでいる。ルートヴィヒ二世が「メルヘン王」と言われる理由がわかるだろう。これらは、質実剛健というドイツのイメージとそぐわないように思えるかもしれないが、そのイメージは主にプロイセンによるものだ。

　やがて、祖父のルートヴィヒ一世が一八四八年革命で退位すると、父のマクシミリアン二世が王位に就く。王太子となったルートヴィヒ二世は当時、二歳だった。

　ルートヴィヒ二世が九歳になると、教育係に初老のフランス軍人が起用され、帝王教育が施された。早朝六時に起床すると、語学・歴史・地理などの個人授業が行なわれ、肉体の鍛錬も開始された。「飢え」も訓練であるとの教育方針から、ルートヴィヒ二世と弟オットーには、近侍の者が心配するほど粗末な食事しか与えられなかった。

　そんな厳しい教育のもと、母親の愛情が薄かったルートヴィッヒ二世は、幼少期から青年期にかけて、自分の世界に閉じこもりがちになり、想像の世界に遊ぶことが多かったようだ。のちに、母のマリー王妃は「ルートヴィヒ二世は、劇や写真を見ることに喜びを感じた」と語っている。

ルートヴィヒ二世が王太子時代の大半と、国王就任後の多くの時間を過ごしたのが、フュッセン近郊のホーエンシュヴァンガウ城である。この城からは、アルプゼー（山湖）とシュヴァンゼー（白鳥湖）という二つの湖が見下ろせる。少年ルートヴィッヒが湖上の小舟から白鳥に餌をあげるエッチングがあるが、この作品からは大自然の中で成長する華奢《きゃしゃ》な王子の姿が偲《しの》ばれる。

なお、ホーエンシュヴァンガウ城は、かつて「シュヴァンシュタイン城」と呼ばれていた。ここから「ノイシュヴァンシュタイン城（新しいシュヴァンシュタイン城）」というネーミングが生まれたわけだが、この名はルートヴィヒ二世の死後につけられたものだ。

ワーグナーが予見した未来

一八六四年、ルートヴィヒ二世は一八歳でバイエルン王国の国王に就任。就任後に最初に命令したのが、作曲家リヒャルト・ワーグナーの探索だった。

ワーグナーは二九歳という若さで、生まれ故郷のザクセン王国の宮廷指揮者に就任したが、一八四八年の三月革命と翌年のドレスデン蜂起に加わり、バリケードの前線で戦うなど王政を非難する政治犯となり、ヨーロッパ中を転々としていた。さらに借金取りにも追われていた。

ルートヴィヒ二世は彼の借金を肩代わりしただけでなく、屋敷を与えて多額の給与を支給した。王宮に招かれたワーグナーはルートヴィヒ二世と会見した。彼は自分の才能を認めてくれる若き王を敬愛し、次のように書き残している。

「今日、私は彼（ルートヴィッヒ王）に導かれました。彼はとても美しく、ウィットに富んだ、崇高な魂と栄光ある人物です。……彼の命は、この世ではつかのまの神の夢のように、解けなければならないのではないかと心配です」

芸術家ならではの勘だろうか。後段の言葉には、王の未来を暗示するような言葉が並んでいる。

ワーグナーの晩年、王の全面的支援でバイロイトに最高の音響効果を誇る祝祭劇場が完成した。そして第一回バイロイト音楽祭が開かれ、ルートヴィヒ二世、ドイツ皇帝ヴィルヘルム一世、作曲家のフランツ・リストやピョートル・チャイコフスキーなどが参列し、一五時間におよぶワーグナーの大作『ニーベルングの指環』全幕が初公演された。

ルートヴィヒ二世なくしてワーグナーの数々の名作が生まれることはなく、またワーグナーなしでノイシュヴァンシュタイン城を建設するルートヴィヒ二世の発想は生まれなかっただろう。故郷ザクセン王国では王政を非難したワーグナーだったが、バイエルン王国では王の恩恵を一身に受けて、自身の芸術を完成させた。

バイロイト音楽祭は現在も毎夏に開催され、「ワグネリアン」と呼ばれるワーグナー・ファンたちを世界中から集めている。

ビスマルクに敗北

ルートヴィヒ二世が即位する前年、プロイセン王国の宰相オットー・フォン・ビスマルクが、バイエルン王国を訪れている。当時、中央ヨーロッパで勢力を誇っていたオーストリア帝国とフランス帝国への対応を考えて、外交交渉を行なったのだ。

ルートヴィヒ二世の治世下、普墺《ふおう》戦争が起こる。一八六六年のことだ。バイエルン王国はザクセン王国・ヴュルテンベルク王国と共にオーストリア帝国側につき、ブラウンシュヴァイク公国など北ドイツの小邦はプロイセン王国側についた。

ルートヴィヒ二世の母親マリー妃はプロイセン出身だが、母親の愛情が薄かったせいか、王自身はプロイセンへの親近感はない。いっぽう、オーストリア皇帝フランツ・ヨーゼフ一世の母親ソフィーは、祖父ルートヴィヒ一世と異母兄妹であり、その姪シシィ（フランツ・ヨーゼフ一世の皇后エリザベート）とも仲が良かった。そのような経緯もあり、バイエルン王国はオーストリア帝国側についたようだ。

　戦争が始まると、産業革命の技術を取り入れていたプロイセン王国は、電信による情報網を駆使し、兵士・兵器・食料を迅速に鉄道輸送して圧勝した。なお、ルートヴィヒ二世の代わりに出兵した弟オットーは、この戦争で精神を病んでいる。

　普墺戦争から四年後、プロイセン王国とフランス帝国による普《ふ》仏《ふつ》戦争が勃発する。ルートヴィヒ二世自身は、プロイセン王国よりもフランス親派である。祖父と同様「ルートヴィヒ（フランス名・ルイ）」を名乗っただけでなく、フランス王国の太陽王ルイ一四世に傾倒していた。また、バイエルン王国はフランス帝国やオーストリア帝国と同様にカトリックであり、プロイセン王国はプロテスタントという宗教的なバックボーンの違いもあった。しかし、ビスマルクの巧《たく》みな外交術により、他のドイツ諸邦と同様プロイセン王国側に与《くみ》し、五万五〇〇〇人を戦地に送り込むことになった。

　結果は、またもやプロイセン王国側の勝利に終わる。しかし、バイエルン人の多くの命が失われたことをルートヴィヒ二世は悲しんだ。いっぽう、この勝利でドイツ統合の機運を醸成したビスマルクは、ルートヴィヒ二世にドイツ統一を説いた。二人の会談では、ルートヴィヒ二世が統一ドイツの皇帝を輪番制とし、ゆくゆくは自分も皇帝となることを願ったのに対し、ビスマルクはその主張「一つの帝国・一人の皇帝」を譲らなかった。

一八七一年一月、プロイセン王国のヴィルヘルム一世が、フランスのベルサイユ宮殿でドイツ帝国皇帝として戴冠した。これを機に、ドイツはヨーロッパの大国に伸し上がる。かたや、バイエルン王国はドイツ帝国内の一領邦国の立場に甘んじることになった。以後、ルートヴィヒ二世は政治から遠ざかっていく。

話は前後するが、普墺戦争敗戦から三年後、王はノイシュヴァンシュタイン城の建築を開始している。それは、城全体でオペラの舞台を表現する壮大な計画で、設計には建築家クリスチャン・ヤンクが起用された。岩山の頂上をダイナマイトで爆破し、レンガや大理石の運搬には蒸気エネルギーを利用するなど、大がかりな工事をともなった。そして、王みずから建築現場に足を運ぶと、設計図を見ながら指図した。時には、管理人用ベッドとテーブルを置いただけの簡素な部屋に泊まり込んで作業することもあったという。

各部屋は金細工、大理石、ガラスで装飾され、こだわりの家具を配置。壁絵は、ワーグナーのオペラが部屋ごとに描かれた。たとえば、控えの間は『ニーベルングの指環』、王の寝室は『トリスタンとイゾルデ』、リビングは『ローエングリン』、歌人の間は『パルジファル』など。さらに、書斎の電話、温水の出る給水設備、自動回転式調理用グリル、王が洗面所へ向かうと自動的に白鳥のくちばしから水が出る水道など、当時の最新技術が駆使された。しかし、ルートヴィヒ二世が城の完成を見ることはなかった。

謎に包まれた最期

ルートヴィヒ二世が主導する芸術や築城への費用によって、バイエルン王国の国家財政は大きく傾いた。一八八六年、大臣たちはルートヴィヒ二世に精神疾患があるとして廃位、叔父のルイトポルト（ルートヴィヒ一世の三男）を摂政に立てた。

実際、ルートヴィヒ二世は政務を放棄して側近たちとも会わず、昼夜逆転の生活で、夜中に奇声を上げて橇《そり》に興じることもあった。また、ヨーロッパ一の美男と謳われた長身痩《そう》軀《く》の容姿は運動不足で太り、戦時中の落馬が原因で頭痛を訴えるようになり、美食と不摂生によって歯も悪くなった。王国の命運を左右する大事な時期に、大臣たちは頭を抱えていたのだろう。

廃位の通達を受けた六月一一日夜、ホーエンシュヴァンガウ城にいたルートヴィヒ二世は、逆に大臣たちの罷免を告げ、隙をついてノイシュヴァンシュタイン城に逃れる。すると、近隣の住人が王を護るために集まり、政府の役人と小競り合いとなった。そこに姿を現したルートヴィヒ二世は捕らえられ、連行される。

　翌朝到着したのは、北へ八〇キロほど行ったベルク城だった。この城が幽閉先に選ばれたのは、オーストリアとの国境から遠く逃亡の危険性が少ないこと、孤立した小さな城で警備が容易であること、などが考慮されたのだろう。

　目覚めたルートヴィヒ二世は、自分が置かれている状況を確認する。部屋には鍵がかけられ、ドアノブははずされていた。のぞき穴から監視できるようになっており、窓には鉄格子がはめられていた。その日は聖霊降臨祭だったので、ルートヴィヒ二世はひげを剃《そ》り衣服を整えると、教会に出かけることを要望した。

　しかし、付き添いの医師グッデン博士に「お気の毒ですが、陛下はご病気ですから」と説き伏せられる。ミュンヘン大学教授で精神科の最高権威だったグッデンは、問診もせずに王が精神病であるとの診断書を書いていた。ルートヴィヒ二世が村の教会で他人と接触すれば病気でないことが露呈する。そのうえ、王は国民に人気があったので、王の逃亡を助ける人間がいるかもしれないと、グッデンは厳重に注意されていたのかもしれない。

とはいえ、王の願いを無碍《むげ》に断ることはできず、グッデンは警備の者をともなって王と共に散歩に出かけた。二人でシュタルンベルク湖畔のベンチに腰かけ、穏やかに語り合う。城に戻ったグッデンは、「経過は良好、不安な点なし」とミュンヘンのルイトポルトに打電している。ルートヴィヒ二世は食欲旺盛で、食事に毒が盛られていないか毒見させながらも、完食している。王から執事を呼ぶよう指示されたグッデンは、一〇分だけという約束で許可した。

グッデンは夕方、「万時順調、患者はおとなしく心配無用」とミュンヘンに報告している。その後、ルートヴィヒ二世はグッデンと再びシュタルンベルク湖に散歩に出かける。この時、警備の者は付き添っていない。

しかし、「二〇時には戻る」と言い残しながら、二一時を知らせる鐘が鳴っても、王も博士も戻ってこない。城の者たちがランタンを持ち、捜索を開始した。すると、二人が出かける時に持っていた二本の傘が、湖へと続く坂道で別々に見つかった。まもなく湖の浅瀬でグッデンの死体が見つかった。右目の上部に殴られた痕跡、首には絞められた痕《あと》があり、指の爪が折れていた。

さらに捜索を続けると、岸辺から約一・五メートルの湖面に、ルートヴィヒ二世がうつぶせに両手を広げた状態で浮いていた。なぜか外出時に着ていたコートはなく、白いシャツ姿だった。急いで引き上げ人工呼吸したが、息を吹き返すことはなかった。

政府は、ルートヴィヒ二世の死を自殺と断定。自殺を止めようとしたグッデンともみ合いになり、グッデンが死去。その後、入水自殺したと報じた。

自殺説を否定する新証言

ルートヴィヒ二世の死因に関しては、次の三つが挙げられている。

一つ目が、自殺説である。これには絶望した王が入水自殺したものと、逃亡しようとする王をグッデンが阻止したところ、過って博士を殺《あや》めてしまい、そのショックで王が自殺したという二通りある。前者のほうが通説とされている。二つ目が、病死説だ。王は湖に入ったところで、心臓発作を起こして亡くなったとするものだ。三つ目が他殺説で、王は逃亡のために用意された小舟に乗ろうとしたところを、拳銃で撃たれたというものだ。

ドイツ・バイエルン州のテレビ局では近年、ルートヴィヒ二世の死の謎をテーマに複数の番組を放映しているが、いずれも入水自殺を否定している。なぜなら、泳ぎが得意だった王が、足が立つ浅瀬で自殺するとは考えにくいからだ。また、当時のスケッチに、棺に横たわる王の姿を描いたものがあるのだが、その口から血が流れており、肺に水が入っていなかったことの証拠になるという。

確かに、自殺願望のある者が食事に毒が入っているかを疑うだろうか。しかも食欲旺盛だった。また、もしルートヴィヒ二世に自殺願望があったなら、自分の最期を演出するにもっともふさわしい場所を選んだだろう。それは完成間近のノイシュヴァンシュタイン城だったことは容易に想像がつく。

ルートヴィヒ二世の死因は、科学的検死ができる現代なら、簡単に解明されていただろう。いや、それでも権力者が死体・証拠品・目撃者の証言を隠蔽・捏造すれば、事件を事故に見せかけることは難しくはない。たとえば、グッデンは王の死因だけでなく、王の精神鑑定を捏造しており、その口封じのために殺されたとも考えられる。

廃位の理由は莫大な浪費をストップさせるためだが、バイエルン王がいなくなって一番得をするのは誰か？　一歩踏み込み、ルートヴィヒ二世の死を誰が一番望んだかを考えると、それは国内だけにとどまらない。闇は深くなる。

一九六〇年、有力な証拠が見つかった。王の逃亡を幇助《ほうじょ》しようとした村人のヤコブ・リドルの日記である。日記を代々保管していた子孫が、ルートヴィヒ二世調査の権威アルベルト・ヴィドマン氏に見せたことから、他殺説が信憑性を帯びてきたのだ。日記には次のように書かれていた。

「あの運命の夜、王は自由の身になろうと岸辺でボートを待っていた。しかし、王が小舟に乗ろうとした時、何者かが王を背後から拳銃で撃った。怖くなった私（リドル）は、王の死体をボートから（湖へ）落とし、家へと急いだ」

　このことを裏づける証人も存在する。一九六〇年代、ヴィッテルスバッハ家のヴルバーカウニッツ伯爵夫人は、ゲルトルート・ウターミューレ夫人に「ルートヴィヒ二世の真実を見せてあげる」と言って、王のグレーのコートを差し出したという。コートの背中には、弾丸が貫通した二つの痕《あと》があったという。このコートを見たと証言したのは、ウターミューレ夫人に同伴した当時一〇歳の息子だ。ただし、このコートはすでにヴルバーカウニッツ伯爵家の火災と共に消えている。

　巨匠ルキノ・ヴィスコンティ監督の映画『ルートヴィヒ』（一九七二年公開）でも、自殺説を否定するようなシーンがある。映画の最後に、ルートヴィヒ二世が博士を振り切り、シシィが手配した小舟で逃げようとシュタルンベルク湖へ急ぐシーンがある。確かに湖から逃げ、アルプスを越えてオーストリアに入れば追っ手もかわせる。実際、シシィの実家マクシミリアン公爵家の館は湖の反対側にあり、協力者を探すことは難しくない。なかなか説得力ある筋書きだ。

ワーグナーのオペラ『ローエングリン』では、主人公ローエングリンは白鳥が曳《ひ》いてきた小舟に乗って、英雄として人生のスタートを切る。ワーグナーのオペラを愛したルートヴィヒ二世にとって、湖に浮かぶ小舟は再出発への希望に見えたであろう。

幽霊の予言

ルートヴィヒ二世は生涯、独身を貫いた。父のいとことなる、ヴィッテルスバッハ家傍系の公爵令嬢ソフィーと婚約したこともあるが、王自身が何度も延期したのち、解消している。その姉である八歳年上のシシィ、すなわちフランツ・ヨーゼフ一世の皇后エリザベートとは共に宮廷嫌いだったこと、自然を愛し乗馬が趣味だったこと、詩を好んだことなど共通点が多く、とても気が合った。書簡では、「鷲《わし》（ルートヴィヒ二世）」「鷗《かもめ》（シシィ）」と呼び合っていた。おそらく、美を好んだ王が愛した唯一の女性がシシィだったろう。

王の死去から日の浅いある晩、シシィが湖畔のポッセンホーフェンの館で休んでいると、枕元にルートヴィヒ二世の幽霊が現れた。ルートヴィヒ二世は彼女をじっと見つめると、「シシィ、私が怖くないか？」と静かに尋ねた。「怖くないわ」と答えると、ルートヴィヒ二世は悲しみに満ちた声で「だったらよかった。私は今、幸せではないんだ。死は安らぎを与えてくれなかった」と述べた。そして「シシィ聞いてくれ」と前置きしたあとで、次のように続けた。

「彼女は炎に包まれて、煙に巻かれて窒息し、火傷を負う。でも、無力な私は助けてあげられないのだ」

シシィが誰のことかと問うと、顔が見えないが、自分を愛した女性だという。そして彼女の運命が終わるまで、自分は自由の身になれないと言った。シシィもやがて自分と一緒に天国で幸せになる時が来る。しかし、その前にたくさんの悲しみや後悔を経験することになるだろう。そして、その死は何の前触れもなく突然訪れると言った。ルートヴィヒ二世に促《うなが》されて、シシィが手を差し出すと、彼は静かに濡れた手を重ね合わせた。

それから三年後、シシィの一人息子ルドルフ皇太子は愛人とピストル自殺を遂げた。続いて、一番上の姉ヘレーネが病死。また、両シチリア王国の王妃となった妹マリーア・ソフィアは戦闘にまで参加したが、同国は滅亡、亡命を余儀なくされた。同国の王子トラーニ伯ルイジのもとに嫁いでいた妹マティルダは、夫を自殺で失っている。

そして、かつてルートヴィヒ二世との婚約が破談となったのち、フランスのアランソン公爵に嫁いでいた末の妹ソフィーが、パリで大火災に巻き込まれて焼死した。ルートヴィヒ二世の幽霊が告げたのは、このソフィーのことだった。シシィ本人も、スイスのレマン湖畔でイタリアの無政府主義者に心臓を刺され、帰らぬ人となった。一瞬のことであり、あまり苦しむことなく亡くなった。結局、ルートヴィヒ二世の幽霊の予言はことごとく的中した。

現在、ルートヴィヒ二世が最期を遂げたシュタルンベルク湖畔には、王の霊を鎮魂するための礼拝堂が建てられている。それと向かい合うように、王の死体が見つかった湖の浅瀬には、十字架が墓標のように立っている。

ルートヴィヒ二世は生前、「謎（の存在）でありたい、自分にとっても他人にとっても」と述べていたが、その夢は叶ったと言えるかもしれない。「私が死んだら破壊するように」と遺言したノイシュヴァンシュタイン城は破却されることなく、今に至るまで、バイエルン王国の末裔たちに多大な経済効果をもたらしている。

第10話――怪僧ラスプーチン暗殺の謎

不思議な能力

「怪僧」「怪物」「悪魔」「性の魔術師」、あるいは「聖僧」「聖人」「神の人」「奇跡の祈禱師」とも呼ばれるのが、ロシア帝国末期に波乱の生涯を送ったグリゴリー・エフィモヴィチ・ラスプーチン（一八六九～一九一六年、次ページの写真）である。

彼の伝記は著者によって事象や年代がさまざまで、人間性にも大きな開きがある。その評価は、死後一〇〇年以上経《た》った今も定まっていない。しかし、一七世紀に始まったロマノフ王朝が崩壊する過程に大きくかかわったことは事実だ。

ラスプーチンは一八六九年一月九日（一月二一日とする説あり）、シベリアの寒村ポクロフスコエの農家の五男として生まれた。彼は満足な初等教育を受けておらず、青年になるまで読み書きができなかった。シベリア訛《なま》りもひどく、故郷以外の人たちは聞き取るのに苦労したという。

いっぽう、暴れ馬を大人しくさせるなど馬の調教に秀《ひい》で、トナカイを手なずけて乗り回すこともできたという。

1910年、ロシア帝室の信頼を得ていた頃のラスプーチン

ラスプーチンが子どもの頃、雪が解けかかった四月に兄と連れ立って釣りに出かけた際、二人とも川に落ちて溺れたことがある。幸いにも救助されたが、兄は肺炎になって亡くなった。いっぽう、ラスプーチンは意識が戻ると「ありがとうございます！　奥様、ようやくお会いできました」と叫んだ。彼によれば、その女性は水色と白色の服をまとった美しい天女のようだったという。聖母マリア（ロシア正教では生神女《しょうしんじょ》マリア）ということらしい。

また、ラスプーチンが高熱で寝込んでいた時、近所の家から馬が一頭いなくなったことで大騒ぎとなり、彼の父親のところに村人が集まってきた。話を耳にしたラスプーチンは、布団をはねのけると、「こいつが犯人だ！」と一人の農夫を指差した。会合が終わり、別の農夫がその男のあとをつけていったところ、盗んだ馬の綱を解いて逃がそうとしていた。

これらが事実なら、ラスプーチンは子どもの頃から不思議な能力を持っていたことになる。彼は後年、娘のマリアに、誰かが遠くで盗みを働いてそれを隠しても、自分には盗品まで見えると話していたという。

ラスプーチンは一八歳で結婚するが、五年後に妻と幼子を残して巡礼の旅に出る。妻には、畑仕事をしている時に聖母マリアから啓示を受けたと告げ、「神にすこしでも近づくためにはここを離れなければならない。次に会う時には、不思議な力を得ているだろう」と語った。

この時も含め、彼は何度か巡礼に出ている。修道院などに滞在し、読み書きや催眠術を学んだという。しかし、修道院では厳しい規則を強《し》いられたうえ、同性愛に走る聖職者を見かけるなど、その生活は彼を満足させるものではなかったようだ。

故郷に戻ったラスプーチンは酒を断《た》って肉食を控え、まじめに祈りを捧げる熱心な信者に変貌していた。一九〇〇年には東方教会の聖地であるギリシアのアトス山からトルコ、シリア、ヨルダンを経て、聖地エルサレムに赴いたという。

この頃になると、彼は自宅地下に仮設礼拝堂を作り、親類や農民たちを集めて祈禱会を催すようになっていた。まもなく村では、礼拝所から聞いたこともない歌が聞こえてきたり、集会の前に女性信者がラスプーチンの体を洗ったりしていると噂された。このことから、ラスプーチンはロシア正教で異端とされる鞭身派《べんしんは》（フリスト）ではないかとの見方もある。同派は自分を鞭《むち》で打ったり、我を忘れて踊ったりするなどの儀式を行なっており、時に性的なものもあったらしい。のちに多くの女性が慕い寄ってきたラスプーチンだが、その萌芽《ほうが》と言えるかもしれない。

ニコライ二世との謁見

一九〇四年（一九〇五年とする説もあり）に首都サンクトペテルブルクに上京したラスプーチンは、人々に乞《こ》われるままに悩みを癒《いや》した結果、「奇跡の祈禱師」「神の人」と称されるようになった。やがて、その噂は帝室にまで届く。

まず、神秘主義者として知られるミリツァ大公妃（ミリツァ・ニコラエヴナ）と妹アナスタシア大公妃（アナスタシア・ニコラエヴナ）がラスプーチンの虜《とりこ》となった。その影響はそれぞれの夫におよび、共にラスプーチンの強力な支援者となる。なお、二組の大公夫妻は宮廷内で隠然たる力を持ち、「黒い家族」と呼ばれていた。

大公妃姉妹の引きもあり、次第に、上流階級の女性信者が増えていった。不気味に鋭く光る目と伸ばした髭が特徴的な彼を、貴婦人たちが取り囲む写真が残っている。

ラスプーチンは「人間は誰もがキリストであり、たがいに愛し合わねばならない」「神が肉体的欲望そのものである男をつくったのだから、男が欲望を満たすことは罪であるはずがない」と主張するなど、放縦《ほうじゅう》な性意識を持っていた（これを否定する説もある）。また、女性の扱いに長《た》け、精力絶倫でもあった。貴婦人たちの中には彼に抱かれることを望み、金品を貢《みつ》ぐ者もいたという。

ラスプーチンは「性の魔術師」とも言われたように、「性」に関する逸話が少なくない。いわく、酒に酔いつぶれて大衆の面前でペニスを見せびらかした、秘密警察が二四時間体制で監視して淫乱な生活を報告した、などなど。ただし、これらは彼を貶《おとし》めるために、政敵が捏造した話とも言われている。

一九〇五年一一月、ラスプーチンは皇后アレクサンドラ・フョードロヴナの友人アンナ・ヴィルボヴァ（ラスプーチンの情婦とも言われる）の紹介で、ついにロシア皇帝ニコライ二世夫妻に謁見する。

当時は同年一月の第一次ロシア革命、すなわち労働者のデモに軍隊が発砲した「血の日曜日事件」の余燼《よじん》がくすぶる不穏な情勢下にあり、皇帝を悩ませていた。いっぽう、皇后は別な悩みを抱え、神秘主義に傾倒していた。

皇帝夫妻は結婚後、一年おきに四人の子どもを授かったが、すべて女児ばかりだった。世継ぎに恵まれない夫妻は、宮廷に占い師や魔術師を招いて占わせていた。ラスプーチンは謁見に先立つ一九〇三年の時点で、「一年以内にロシア皇帝の後継者が生まれるだろう」

と公言していた。その予言通り、翌年七月に皇太子アレクセイが誕生した。

生後六週目にして皇太子の臍《へそ》周辺からの出血が三日も止まらないことで、「ロマノフ家の秘密の病《やまい》」とされた血友病であることが判明する。血友病は、遺伝的に血液が凝固《ぎょうこ》しにくく、小さな傷の出血もなかなか止まらない疾患であり、男性に発症することが多い。現在では有効な治療法があるが、当時は不治の病として恐れられていた。皇后はこのことに大変悩んでいたという。

祈禱による治療

アレクサンドラ皇后は、ドイツのヘッセン大公国の大公ルートヴィヒ四世と、大英帝国のヴィクトリア女王の次女アリスとの間に生まれた。もとの名をヴィクトリア・アリックスという。母親が死去したため、六歳から一二歳までヴィクトリア女王のもとで育てられている。

彼女は一二歳の時、サンクトペテルブルクで行なわれた姉のエリーザベトの結婚式に参列するが、そこでニコライ皇太子（のちの皇帝ニコライ二世）と出会う。二人は愛し合うようになったが、結婚にはいくつかの障害があった。まず、皇后はロシア正教徒でなければならなかったが、ドイツ生まれの彼女はプロテスタント（ルター派）だった。しかも、ニコライ皇太子の父親である皇帝アレクサンドル三世は大のドイツ嫌いで知られている。さらに、ヴィクトリア女王は、彼女と孫アルバート・ヴィクター王子の結婚を望んでいた。余談だが、ヴィクター王子は前述のように、切り裂きジャック事件の容疑者に挙げられている。

　結局、彼女はロシア正教に改宗し、名前もアレクサンドラと改めて、ロマノフ家に嫁いだ。しかし、ドイツやイギリスで育った彼女にすれば、ロシア帝国の宮廷社会は粗野に感じられたようだ。国民に人気のある前皇后マリヤと比べられるのも煩《わずら》わしかったのだろう。内向的な性格もあって、次第に公の場を避けるようになった。息子の皇太子アレクセイが血友病と知ってからは、いっそう閉じこもりがちになった。

　そのような時に謁見したのがラスプーチンだった。彼は、皇帝夫妻に皇太子を助けられると約束する。ある時、皇太子が苦しんでいると、ラスプーチンはベッドのかたわらにひざまずくと静かに祈りを捧げた。額《ひたい》からは滝のような汗が滴《したた》っている。やがて静かに立ち上がると、「さあ息子よ、両目を開きなさい」と厳《おごそ》かに言う。すると、皇太子は目を開け、やがて出血は止まったという。

家族でポーランドを旅した時のこと、皇太子は鼠径部《そけいぶ》に大きな腫瘍ができて腫れ上がった。苦しむわが子を見かねた皇后は、ラスプーチンに電報を打つ。彼はいつものようにひざまずくと、遠隔地の皇太子に向けて祈禱した。やがて祈禱を終えると「見かけほど危険ではなく、心配にはおよびません」と返電している。

宮廷の医師団は、皇太子の治療のためにアスピリンを使用したり、時に泥浴《でいよく》治療を施したりしていた。しかし、ラスプーチンはその治療をやめさせるよう皇后に進言する。確かに、アスピリンには血液をさらさらにする作用があり、血友病には逆効果である。いっぽう、ラスプーチンの治療法は、催眠術を使って落ち着かせるだけの心理療法だったと言われているが、皇太子の症状が上向いたことはまちがいないようだ。

ラスプーチンは皇太子が一二歳の時、「一三回目の誕生日のあと、病《やまい》は徐々に快方に向かっていくでしょう」と予言した。また、「皇太子が血友病で死ぬことはありません」「自分が生きているかぎり、皇太子は死にません」と断言している。皇后はますます彼を信頼し、そばに置くようになった。

政治への関与

一九一四年七月に第一次世界大戦が始まると、ロシア帝国はドイツ帝国と激しい戦闘を繰り広げる。皇帝ニコライ二世は兵士を鼓舞するために戦場に赴くと、みずから指揮を執った。

皇帝不在の宮廷で内政を任された皇后は、信頼するラスプーチンの意見を政治に反映させるようになった。ちなみに、ラスプーチンはロシアの君主制、すなわちロマノフ王朝の存続のためには戦争をしてはならないと一貫して反対していた。

宮廷内外を問わず、敵国ドイツ生まれの皇后に疑いの目を向ける者も少なくなく、「皇后とラスプーチンはドイツのスパイ」という噂が流れた（ドイツ軍参謀本部は密かにラスプーチンと連絡を取っていたとも言われている）。

精神的に追い込まれた皇后は、英語でヒステリックにわめきたてるようになった。そんな彼女の唯一の心の支えが、ラスプーチンである。そして、戦場にいる皇帝に「どうかラスプーチンを信用してください」「彼が深刻な話をする時には、深い意味があるのです」と電報を打ち続けた。

いっぽう、政府高官たちにすれば、一介の僧侶が政治に口出しすることを快く思うわけがない。「ラスプーチンは皇后の愛人である。二人の間には隠し子がいる」などと吹聴され、二人は次第に苦しい立場に追い込まれる。

これに対抗して、皇后は首相・警察長官・陸軍大臣・法務大臣などを次々に罷免していった。しかし、このことで二人はますます孤立し、ラスプーチンの政敵は増えていった。そして、彼の暗殺を企てる者が登場する。

暗殺

ラスプーチンの暗殺を計画したのは、フェリックス・ユスポフ公爵である。ユスポフはロシア屈指の名門貴族で、サンクトペテルブルクの四つの宮殿のほか、油田・鉱山・工場などを所有し、ロマノフ家以上の資産家だった。妻は、皇帝ニコライ二世の姪で美人の誉れ高いイリーナ・アレクサンドロヴナ。つまり、皇帝とはきわめて近しい間柄だった。

いっぽう女装趣味が囁《ささや》かれ、同性愛者との説もあり、ニコライ二世のいとこドミトリー・パヴロヴィチ大公が愛人だったと言われている。また真偽は定かではないが、ラスプーチンに肉体関係を迫ったが拒絶されたとの説もある。

ユスポフはラスプーチン暗殺を目的に仲間を集め、「ブラック・ハンドレッズ」という組織を作る。同組織には、前述のパヴロヴィチ、友人のセルゲイ・ミハイロヴィチ・スホーチン大尉、極右政治家のウラジミール（ヴラディミル）・プリシケヴィチ議員、軍医のスタニスラフ・デ・ラゾヴェルト博士らが名を連《つら》ねている。

ユスポフは暗殺を実行するにあたり、妻イリーナに会わせたいと言ってラスプーチンをおびき寄せる。一九一六年一二月一七日一時頃、ラスプーチンは車で迎えにきたユスポフと共に、ユスポフ家所有のモイカ宮殿（ユスポフ宮殿）を訪れる。ユスポフは、豪華な調度品や美術品を並べて食堂に見せかけた地下室に彼を引き入れた。そして、妻イリーナは二階で友人と会っているから、ここでお茶でもどうかと持ちかけた。

ラスプーチンの前に、青酸カリを振りかけたプチフールが置かれた。大の甘党である彼は一つ、二つと口にした。だが、平気な顔をしている。ユスポフはパニックに陥りそうになるのを堪《こら》え、今度は青酸カリを塗ったグラスにマデイラ酒を注いですすめる。自分は毒を塗っていないグラスを使った。しかし、ラスプーチンは二杯飲んでも反応がない。

ユスポフは「妻のイリーナの様子を見てくる」と言うと、階上で待機する仲間のもとへ駆け上がった。「毒が効かない！　奴は化け物だ」とユスポフが説明すると、一同は黙り込んでしまった。全員で襲って絞め殺すことも考えたが、最終的にユスポフはパヴロヴィチから拳銃を受け取った。

ユスポフが地下室に戻ると、ラスプーチンは「頭が重く、胃が燃えるようだ」と苦しそうに呼吸していた。にもかかわらず、もう一杯マディラ酒を所望し、一気に飲み干《ほ》すと元気を取り戻した。それからしばらく会話をしたあと、ユスポフは水晶の十字架をじっと眺めているラスプーチンの心臓を狙って銃を撃つ。ラスプーチンは唸《うな》り声と共に床に転げ落ち、動かなくなった。

ラスプーチンが秘密警察に尾行されていることを考え、彼を自宅へ送り届ける偽装工作をするために、仲間たちは宮殿を出て行った。一人残ったユスポフは、念のため死んでいることを確かめようとした。

するとラスプーチンの顔がわずかに痙攣《けいれん》し始めた。次にゆっくり左右の目を開くと、スクッと立ち上がった。口からは血を流し、激しい憎悪に満ちた目でにらみつけると、獣《けもの》のような声を上げて、ユスポフの首を絞めようと飛びかかってきた。ユスポフが必死に振りほどくと、ラスプーチンは階段を這《は》い上がって中庭から逃れようとした。

ユスポフは「ラスプーチンは生きている！」と大声で叫んだ。逃走するラスプーチンをプリシケヴィチが追う。まもなく四発の銃声が聞こえた。ユスポフが中庭に出ると、プリシケヴィチがラスプーチンの死体を見下ろしていた。

その後、絨毯《じゅうたん》で簀《す》巻《ま》きにした死体を車に載せると、ボリショイ・ペトロフスキイ橋まで運び、マラヤ・ネヴカ川に投げ込んだ。川の表面は凍結し、死体はそのままフィンランド湾に流れ着き、永遠に上がらないはずだった。

ユスポフらはあわてていたのだろう。橋の上にラスプーチンの長靴やコートを忘れてきた。また、重りをつけなかったために死体は翌々日に橋近くの岸辺で発見された。こうして、ラスプーチンの暗殺は世に知られることとなった。

なぜ毒物では死ななかったのか

ラスプーチンの暗殺にはいくつかの謎がある。まず、なぜラスプーチンは毒物を口にしても死ななかったのだろうか。これには、いくつかの説がある。

第一は、当時の薬物は保存状態が悪く、そのため効果が表れなかったという説である。

青酸カリは空気中に放置すると酸化して炭酸カリウムに変質するが、当時のロシアではそのような質の悪い薬物や偽物を売る店が少なくなかった。ユスポフが入手した青酸カリも、そのような代物《しろもの》だったのかもしれない。

第二は、体内に青酸カリが入ったが、化学反応を起こさなかったという説だ。胃に青酸カリが入ると、胃酸と反応して気体である青酸（シアン化水素）が発生する。この気体が逆流して気道を通って肺に入り、血液中のヘモグロビンと結合することで細胞に酸素を送れなくなり、死に至るのだ。しかし、ラスプーチンは無胃酸症または低胃酸症という特異体質だったため、シアン化水素が発生しなかったのではないかというのだ。

第三は、ラスプーチンが青酸カリを食していなかったというものだ。検死結果によれば、胃からは青酸カリは検出されなかった。そのことから、共犯者の誰かが心変わりして無害な物質にすり替えたか、あるいはラスプーチンの暗殺について記述したユスポフの回顧録がデタラメで、最初から青酸カリなど使用していなかった可能性も否定できない。

他にも、プチフールやマデイラ酒の糖分が毒を中和したという説もあるが、すべて推測の域を出ない。

検死の結果、ラスプーチンの死体には激しい拷問を受けたような痕跡が見つかった。体には硬くしなやかなもので強く打たれた傷痕《きずあと》があり、首にはロープの痕《あと》が残っていた。右眼球は飛び出し、右耳も引きちぎられて垂れ下がっていた。さらに左右の睾丸《こうがん》が潰されていたという。

ユスポフは回顧録の中で、ラスプーチンの死体を見て発作的に逆上し、警棒でめった打ちにしたと述べている。しかし、睾丸を潰したことには触れていない。ユスポフは事件当時、暗殺の動機を「愛国心に突き動かされて」と証言したが、晩年は「ラスプーチンが見境なく女性に手を出すことを嫌悪して」と語っている。それにしても、すこし度が過ぎている。何か、他人に言えない恨みがあったのだろうか。

同じく検死の結果からは、死体の肺に水が入っていたことがわかっている。そのことから、川に落とされたあともしばらく生きていたと見る者もいる。しかも、縛られた両手のロープをはずし、右手を持ち上げてまさに十字を切ろうとしていたかのようだったという。

イギリス関与説

ラスプーチン暗殺にまつわる謎に、イギリス秘密情報部（Secret Intelligence Service＝ＳＩＳ）関与説がある。

ラスプーチンに撃ち込まれた銃弾から説明しよう。ラスプーチンの体には、三発の弾丸が撃ち込まれていた。まず左胸部から入り、胃と肝臓を貫通した一発がある（ユスポフの銃撃か）。次に背中右側から入り、腎臓を貫通した一発がある（プリシケヴィチの銃撃か）。致命傷となった最後の一発は額《ひたい》から入り、脳に貫入している。実は、この三発はそれぞれ異なる口径の弾丸だった。

最後の一発は、イギリス製の回転式拳銃ウェブリー・リボルバーである可能性が高いと結論されている。ちなみに、ユスポフが使ったのはベルギー製の自動拳銃ＦＮブローニングである。

三つの弾丸が異なること、またとどめを刺した拳銃がイギリス製だったことから、イギリス秘密情報部とユスポフらのブラック・ハンドレッズが裏でつながっていたとの見方があり、犯人はユスポフがオックスフォード大学に留学していた時の友人オズワルド・レイナーではないかと言われている。

実は、レイナーはイギリス秘密情報部の諜報部員だった。彼はフランス語・ドイツ語のほか、ロシア語も堪能だったことから、第一次世界大戦が始まるとペトログラード（第一次世界大戦中にサンクトペテルブルクから改称）に派遣されている。なお、一九一六年冬に多発した大規模ストライキは、レイナーが画策したものとされている。

レイナーの関与は、ラスプーチン暗殺直後から噂されており、これを聞きつけた皇帝ニコライ二世は、イギリス大使を呼び出して問い質《ただ》している。実際、レイナーは暗殺当日の夜はモイカ宮殿にいたようだ。そして、彼の愛用の拳銃がウェブリー・リボルバーだったこともわかっている。さらに、レイナーの同僚が暗殺に関与したことも手紙に綴っている。

それでは、なぜイギリス秘密情報部はラスプーチン暗殺に関与したのか。さらに言えば、なぜイギリスはラスプーチンを殺害する必要があったのか。

これは、当時のイギリスとロシアが置かれていた立場を考えればわかりやすい。一九一四年六月二八日、オーストリア＝ハンガリー帝国の帝位継承者フランツ・フェルディナント大公がボスニアのサラエボで暗殺され、第一次世界大戦が勃発する。八月一日にドイツがロシアに宣戦布告、その三日後にはイギリスがドイツに宣戦布告している。

こうして、同盟国（ドイツ帝国・オーストリア＝ハンガリー帝国・オスマン帝国・ブルガリア王国）と連合国（大英帝国・ロシア帝国・フランス共和国・イタリア王国ほか）は、いわゆる「総力戦」と呼ばれる、国家を挙げての戦争に突入した。

前述のように、ラスプーチンはロシアがいかなる戦争にも関与しないよう皇后に説いてきた。もし皇后が皇帝を動かしてドイツと和平を結び、ロシアが東部戦線から離脱することになれば、ドイツは西部戦線に集中して戦うことができる。そうなると、イギリスは苦境に陥る。そうならないために、イギリスはラスプーチンを葬る必要があったのだ。

こうして、イギリス本国から指示を受けたレイナーの目的と、学生時代の友人ユスポフの利害が一致、協力してラスプーチンを殺害したというわけだ。もちろん、これは状況証拠でしかなく、それゆえ謎は謎のままだ。

的中した予言

ラスプーチンの死は政府関係者には歓迎されたが、自分たちの代弁者を失った民衆たちは憤った。アレクサンドラ皇后は怒りを露わにユスポフとパヴロヴィチの処刑を主張したが、夫である皇帝ニコライ二世のとりなしで思いとどまる。最終的には、皇帝の命により、ユスポフをドネツ川流域のベルゴロドに追放、パヴロヴィチはペルシャ戦線勤務として現在のイランに追放した。

ラスプーチン暗殺から三カ月後の一九一七年二月、二月革命（第二次ロシア革命）が起こり、ニコライ二世は退位した。ロマノフ王朝の終焉である。

革命後、ユスポフはモイカ宮殿から運べるだけの宝石など財物を持ち出すと、妻イリーナが幽閉されていたクリミアに向かい、そこでイギリスの軍艦に乗って命からがらロシアから脱出した。その後はイギリスに亡命し、一九六七年にパリで生涯を終えている。

革命の翌月、ロシア臨時政府はラスプーチン暗殺の捜査を中止し、暗殺犯への恩赦を公布した。そして一九一七年一〇月、ソビエト政府が樹立される。翌年七月一七日、革命軍はエカテリンブルクに幽閉されていた皇帝夫妻と五人の子どもを秘密裏に銃殺した。

ラスプーチンは死の直前、皇帝に予言を残していた。その予言「もし自分を殺す者が農民ならばロシアは安泰ですが、その中に皇帝の一族がいたら、皇帝と家族は悲惨な最期を遂げることになります。そしてロシアでは長きにわたって多くの血が流されるでしょう」は、すべて的中したことになる。

巨根伝説

ユスポフがその漁色ぶりを嫌悪したように、ラスプーチンは多くの女性を虜にして「性の魔術師」と言われた。それゆえか、彼には「巨根伝説」がある。

二〇〇四年にサンクトペテルブルクにオープンしたエロティカ博物館には、ラスプーチンの男性器が展示されている。彼の遺体が激しく損傷しており、睾丸が潰されていたことはすでに述べた。その際に男性器も切り取られたのだろうか。これには二つの説がある。

　第一が、暗殺者の誰かが殺害現場（モイカ宮殿の地下室）で切り落としたものを、翌日部屋を掃除したメイドが見つけて保管しておいたというもの。第二が、死体の司法解剖後、ラスプーチンを慕う女性が自宅に持ち帰ったというものだ。

　その後、一九二〇年代にパリの女性団体がラスプーチンの男性器を手に入れ、崇拝の対象にしていたこともある。その時はラスプーチンの娘マリアが返還を求めたというから、本物だったのかもしれない。

　一九七〇年代後半、彼の男性器がアメリカのオークションに出品され、話題になった。しかし、これは本物ではなく、海洋生物のナマコだったと言われている。

　エロティカ博物館に展示されているものは、二〇〇四年に同博物館がフランス人のアンティーク蒐集家から八〇〇〇ドルで購入したものだという。展示物は二八センチだが、娘マリアの証言によると父親の男性器は三三センチだったというから、これも本物かどうかは疑わしい。馬や牛のペニスではないかとも言われている。それ以前に、どうして娘が父親のペニスの長さを知っているのかも疑問である。

　死してなお伝説が残るラスプーチン、まさに怪僧である。

なお、彼が殺害されたモイカ宮殿は見学が可能で、殺害現場とされる地下室にはラスプーチンやユスポフの蠟《ろう》人形が置かれるなど、暗殺の状況が再現されている。この部屋で奇妙な足音を聞いた者もおり、関係者の間ではラスプーチンの霊がさまよい歩いていると恐れられている。

第11話――天才科学者ニコラ・テスラの未開発技術

セルビアの誇り

実業家イーロン・マスクがリスペクトし、社名（テスラ）に冠したのが、セルビア出身の物理学者ニコラ・テスラ（一八五六〜一九四三年）だ。

セルビアでは子どもからお年寄りまで、この天才科学者・発明家を知っており、また誇りにしている。たとえば、セルビアの空の玄関口はその名もベオグラード・ニコラ・テスラ空港であり、一〇〇ディナール紙幣には肖像画が印刷されている。ニコラ・テスラ通りはもちろん、ニコラ・テスラ博物館（次ページ下段左の写真）もある。また、国立ベオグラード大学工学部の中庭には「読書するテスラの座像」が置かれ、未来の科学者たちのはげみとなっている。

セルビア人の知人は「セルビア人で世界的に知られているのは、テスラとテニスのノバク・ジョコビッチくらいさ」と言うと、テスラに対する誤解を残念がった。

上／テスラが考案した、無線で送電する「世界システム」のために、アメリカ・ロングアイランドに建設された電波塔ウォーデンクリフ・タワー。高さは57メートルもあったという。下／セルビア・ベオグラードにあるニコラ・テスラ博物館と、展示されているテスラコイル

誤解の一つが、テスラがクロアチア人だと思われていることだ。出生地スミリャン村は現在クロアチア領だが、テスラが生まれた一八五六年はオーストリア帝国下にあり、セルビア人居住区域だった。テスラの父親はセルビア正教会の司祭であり、テスラがセルビア人であったことはまちがいない。なぜなら、クロアチアはオーストリアと同様に、カトリックだからだ。

もう一つの誤解が、テスラがマッドサイエンティストと思われていることだ。一九九五年、オウム真理教がテスラの発明とされる地震兵器の知見を求めて首都ベオグラードを訪れたように、一部のオカルト主義者から崇められている。このような偏《かたよ》った見方に対して、テスラの偉大な功績と人間性を正しく理解してほしい、と知人は言う。実際、交流電流、電動機（モーター）、蛍光灯、X線装置、無線通信も彼の発明である。

本項を記述するにあたってニコラ・テスラ博物館を取材したが、二〇年前に訪問した時と比べると立派になっていて、少々驚いた。同博物館は、ベオグラードの大使館や国際機関が立ち並ぶ閑静なクルンスカ通りにある。一〇時の時点で、外門から建物の入口へと続く階段には長蛇の列ができていた。待っているのは若い市民や観光客で、北欧やロシアからの団体が続々と入館していく。

ガイドツアーでは、最初にテスラについて説明した英語のビデオを一五分ほど鑑賞したあと、テスラコイル（237ページ下段右の写真）による放電実験を体験する。タービンが回り始めると、薄明《うすあ》かりのなか、手に持った蛍光灯がパッと光った。実験を見守る周囲の緊張感に加えて、体内を電流が駆け抜けたことで気分が悪くなったのか、その場で座り込む女性もいた。しかし、テスラみずから一〇〇万ボルトの高周波電流を体に通して実験をしたように、まったく安全だ。

ちなみに、テスラコイルとは、テスラが一八九一年に考案した高周波・高電圧を発生させる変圧器のことで、火花放電で振動電流を発生させ、巻数比が大きい空芯式《くうしんしき》のコイルで共振させるものだ。

来館者は近年、年間一〇万人を超えているそうだ。世界的なオカルトブームかと思いきや、そうではなく、近年テスラの評価が上昇しているらしい。

歴史・政治・宗教などについて著作活動するジェフ・ダネレックのトップテンズ・ネット「人類史上もっとも偉大な発明家トップ10（Top 10 Great Inventions in History）」では、アルキメデスに次いで第二位だった（二〇一一年一月発表）。また、二〇一六年のアメリカのオンライン・アンケート「尊敬する歴史上の人物」では、ダ・ヴィンチ、ニュートン、ガリレオ、アリストテレス、アインシュタイン、プラトン、モーツァルトに続いて第八位にランクされている（ＨＯＴＮＥＷＳ）。

二〇一七年公開の映画『エジソンズ・ゲーム』（アルフォンソ・ゴメス＝レホン監督）では、エジソンのライバルの天才科学者として登場している。

神童の悩み

テスラは幼い頃から「神童」と呼ばれ、のちに八カ国語を話した語学力のほか、音楽の才能もあり、特に数学に秀《ひい》でていた。五歳の時にはたった一人で水車を作り、近所の小川で遊んでいたという。いっぽう五歳で、七歳上の兄を落馬で亡くしたことは彼の心に大きな傷を残したようで、性格は内向的で神経質だった。

小学生の時、友人と近くの山にハイキングに行った時のこと、途中から雪が降り吹雪となった。テスラは積もった雪を丸めて雪玉を作り、崖下に投げた。いくつかは木にぶつかって止まったが、最後の雪玉は木々の間をすりぬけて転がっていく。それは徐々に加速すると巨大化し、木々を倒したり岩を動かしたりしながら転がり続け、まもなく轟音と震動が谷底に響いた。条件さえ整えば、小さな雪玉でも強力なエネルギーがあることを知ったと、彼は後年回想している。

　やがて故郷を離れて、オーストリアのグラーツ工科大学へ進学する。交流誘導モーターの開発にのめり込んでいた時、奇妙な病《やまい》に悩まされる。感覚が異常に研ぎ澄まされ、別の部屋の時計の音が耳をふさぎたくなるような大音量に聞こえたり、ちょっとした振動を地震のように感じたり、微弱な光が閃光のようにまぶしかったり、軽く肌に触れられただけで激痛を感じたりした。テスラ自身は、それが偉大な発明を生み出すための大きな試練と感じていたようだ。

　しかし結局、父親の死去などもあり、大学は中退。その後、ハンガリーのブダペストにあった国営電信局に就職した。ある日の夕暮れ、公園を散歩しながら、友人に聞かせるためにゲーテの『ファウスト』の一節を暗唱していた時に突然、交流（ＡＣ）誘導モーターのアイデアがひらめいた。

　その後、彼はフランス・パリのコンチネンタル・エジソン社に入社する。同社は、発明王トーマス・エジソンが設立したエジソン電灯会社（現・ゼネラル・エレクトリック＝ＧＥ）のフランス法人である。そして、ストラスブール滞在中、ついに交流誘導モーターの試作品を完成させた。

エジソンとの出会い

一八八四年、交流誘導モーターを世界に広めたいと大志を抱いて渡米したテスラは、ヨーロッパ・エジソン社の社長の紹介状を持って、エジソンのもとを訪ねた。当時エジソンはすでに蓄音機などを実用化しており、その名声は知れ渡っていた。紹介状には、「私は大人物を二人知っています。その一人があなたで、もう一人は今あなたの前に立っている若者です」と書いてあったという。

エジソンは、白熱電球の発明者として知られている。しかし、最初に発明したのはイギリスのジョセフ・スワンで、それに手を加えたのがエジソンである。これにより、照明時間が大幅に伸びた。そこで、エジソンは新聞記者を集めて公開実験を行なうと、白熱電球の有用性とみずからの功績を強くアピールした。のちにはスワンの訴えを退けて法廷闘争に勝利し、特許の取得も確定した。エジソンが「発明王」と同時に「訴訟王」と呼ばれる所以だ。

エジソンは白熱電球を販売する合弁会社を設立し、直流電力を供給するシステムを確立する。その後、直流（DC）方式で都市の中心部や工場に電力供給を開始した。将来的に全米に直流を普及させ、白熱電球を売り込むことを考えていた。

そんなある日、エジソンは「（直流で設計されている）工場を交流で稼働させたら、五万ドルの報奨金をやろう」とテスラに言った。それは交流にこだわるテスラに対し、直流の優位性と安全性を自負するエジソンの挑発だった。

しかし、テスラは不眠不休でこれを実現してしまう。彼は、エジソンが思った以上の天才だったのだ。彼は一度頭に入れた情報はすべてそのまま記憶することができた。そして設計図を引くことなく、機械や装置の細かな部品に至るまで、完全に作り出せたという。彼にとって、思考の世界と現実はほとんど誤差がないのだ。

エジソンにしてみれば、すでに直流システムにかなりの投資をしているうえ、発明王としてのプライドがある。エジソンは「お前はアメリカ流のジョークがわからない奴だな」と言うと、報奨金は支払われなかった。これには、ふだんは感情を表さないテスラも激怒。ここでは交流を実現できないと感じ、退社した。

電流戦争

エジソン電灯会社を退社したテスラは、電気修理と日雇いの肉体労働で糊口《ここう》をしのいだ。やがて、学会で自身が発明した交流誘導モーターを発表する機会を得た。この時、テスラの発明に興味を示したのが、エジソンのライバルで、発明家・実業家のジョージ・ウェスティングハウスである。交流理論に大きな可能性を見出したウェスティングハウスは、テスラの多相交流システムの特許を買い取っただけでなく、ウェスティングハウス・エレクトリック（以下、ウェスティングハウス社。一九九九年に他社による買収で消滅）に技術顧問として月給二〇〇〇ドルという破格の待遇で招き入れる。

こうして、エジソン（直流）対テスラ＋ウェスティングハウス（交流）の戦い、いわゆる「電流戦争」が始まった。

テスラは交流送電の優位性――直流は変圧が難しく、電気抵抗による電圧降下が大きいため、消費地の近くに多くの発電所を建設しなければならない。しかも、膨大な電力の損失が生じるためコスト高になる。対して、交流送電は変圧器によって容易に電圧が変えられるため、送電線に高い電圧をかけることで送電損失を減らすことができ、遠距離送電が可能になる――と説いて回る。そして交流システムの理解者を広げていった。

いっぽう、エジソンは政治家に根回しをして、いくつかの州で送電電圧を八〇〇ボルトに制限する法案を成立させようとしたが、これは失敗に終わった。その後、新聞記者を招いて交流によって野犬などを殺処分する実験を行ない、世間に交流の恐ろしさを印象づけようとした。

さらに、エジソンは「電気（electric）」と「処刑（execution）」を合わせた造語「感電死（electrocution）」を考案。そして以前、ニューヨーク州から死刑囚の処刑方法の相談を受けていたことから、これを交流のネガティブキャンペーンに利用することを思いつく。同州はエジソンの進言を容《い》れて、電気処刑を許可する法律を施行した。こうして世界初の電気椅子が作られた。

しかし電気椅子による処刑は、エジソンの期待通りにはいかなかった。一回目は一七秒間通電したが死に至らず、二回目は一分以上も通電した。発電機が二〇〇〇ボルトまで上がると死刑囚からうめき声が上がり、頭部から煙が出て肉の焼ける臭気が漂い、やがて炎が上がった。翌日、『ニューヨーク・タイムズ』紙をはじめ各紙は「絞首刑よりもはるかにひどい」と批判的に報道した。

それでもエジソンは「交流で死刑にする」＝「ウェスティングハウスする（westinghousing）」という造語を広めようとしたが、さすがにこれは広まらなかった。

一八九三年のシカゴ万博会場で、ウェスティングハウス社が電気設備のいっさいを任されることになった。ミシガン湖畔の二八〇ヘクタールの会場には、交流システムを使った照明が明々《あかあか》と灯された。同年、ナイアガラの滝を利用した水力発電所の建設にあたり、交流システムを主張したウェスティングハウス社が競争入札で選ばれた。テスラは完全勝利を収めたのだ。

電流戦争におけるエジソンの敗因は、彼が高等教育を受けておらず、交流の仕組みの理解に必要な微分積分・三角関数などの知識がなかったからだと言われている。

のちにテスラはインタビューで、「彼（エジソン）は本での学習や数学的な知識を軽視し、自身の発明家としての直感や実践的なアメリカ人的感覚のみを信じていた」と語っている。また、エジソンの名言「天才とは、一パーセントのひらめきと九九パーセントの努力（汗）である」を「天才とは、九九パーセントの努力を無《む》にする、一パーセントのひらめきである」と皮肉ってもいる。

結婚と研究は両立しない!?

人脈も資金もないテスラがアメリカで成功を収めたのは、物理学者・発明家としての才能、そして行動力によるものだが、男性としての魅力もそれを助けている。一八八センチ（一八〇センチや一九〇センチ以上の説もあり）の身長に六四キロの体重という体形に甘いマスク、理性的で穏やかな性格は多くの女性を魅了した。

実際、ウェスティングハウスの娘とは縁談が持ち上がり、モルガン財閥の創始者J・P・モルガン（ジョン・モルガン）の令嬢アンヌとは結婚直前まで進んでいた。しかし、病的なまでの潔癖症など天才にありがちな変人さも手伝って、アンヌとの結婚は破談となった。

ほかにもフランスの大女優サラ・ベルナールなど、彼と噂になった女性は少なくなかった。しかし、彼は「結婚した発明家に偉大なものは作れない。その情熱や愛をすべて女性に与えてしまうからだ」と言ったように、生涯独身を貫いた。女性に愛情を注ぐことを戒《いまし》めていたのかもしれない。

ただ、ニューヨークの売れっ子ピアニストのマルガリーテ・メリントンだけは特別な存在だったようだ。ある時、テスラの「もしお金があったら何に使いたいか」との質問に、彼女は「田舎に家を買いたいけど、郊外から通うのは嫌だ」と答えた。すると彼は「私が大金をつかんだらニューヨークの一区画を買ってそこに森を造り、真ん中に別荘を建てて差し上げます」と言ったという。残念ながら、この言葉は実現しなかった。

エネルギーが無料になる「世界システム」

テスラは一八八九年、テスラコイルで発生する高周波と高電圧を使って地球の隅々まで送電するシステムを思いつき、一八九九年から研究に着手した。「世界システム」と名づけられたその装置で、電気代が無料になるという。

この計画を実現するにあたり、彼は二人の理解者から資金援助を受け、コロラドスプリングス郊外のパイクスピークの麓に研究所を建設する。一辺三〇メートルの正方形・高さ八メートルの建物の上に二四メートルの木製の塔を建て、その上に立てた三六・五メートルの金属製のポールの先端に、直径九〇センチの銅球を設置した。そして、テスラコイルをバージョンアップした「拡大送信機」を作り、一二〇〇万ボルトの高電圧を発生させた。

またテスラは、雷の放電を観測することで（コロラドスプリングスは落雷が多い地域だった）、「地球定常波」を発見する。これは、現在「シューマン共振」として知られているもので、地表と電離層との間を雷放電で発生した極超長《ごくちょうちょう》波《は》が伝播《でんぱ》する現象のことだ。テスラは、この共振周波数に電気エネルギーを乗せることで、エネルギーを損なうことなく地球のどこへでも送電できると考えた。

そして、研究所から約四〇キロ離れた場所に二〇〇個の五〇ワットの白熱電球を設置し、無線で点灯させる実験に成功する。この実験から、地球は電気を帯びている、つまり地球が「帯電体《たいでんたい》」であることを証明した。

テスラは、同研究所で一億ボルトの高電圧、三〇万ヘルツの高周波を作り出すことを目標としたが、資金不足から一年半ほどで撤退を余儀なくされてしまう。

しかし、幸運の女神は彼を見放してはいなかった。テスラの論文「人類エネルギーの増大の問題」がJ・P・モルガンの目に留《と》まり、即座に一五万ドルの資金を約束した。のちに、その額は合計三〇万ドルに達している。なお、同論文は未来の人間生活を描いたもので、科学技術はもとより道徳、哲学、教育、社会問題など多岐にわたっていた。

一九〇一年、新たな研究所として、ロングアイランドに高さ五七メートルのウォーデンクリフ・タワー（237ページ上段の写真）の建設が着工した。同年一二月、イタリアの発明家グリエルモ・マルコーニ（のちにノーベル物理学賞を受賞）が大西洋横断無線通信に成功する。といっても、三五〇〇キロ離れた地点に「S」を表すモールス信号が届いただけのことだ。しかも、この実験には、テスラの一七の特許が使われていた。

それでも、モルガンは出資の追加要請を拒否。世界システムは未完成に終わった。モルガンが断った理由は、マルコーニの装置が小型であるのに対し、テスラの装置があまりに大きすぎたことだとされている。しかし、それ以外にも理由は見出《みいだ》せる。

まず、モルガン財閥は当時、電線用の銅線を独占していたが、無線で無料の電気を送れることになれば、銅線は無用の長物となってしまう。また、電気代が無料となれば、エネルギー資源としての石油の価値は大きく下がる。これは国際石油資本《メジャー》ばかりか、国家をも敵に回すことになるのだ。

電流戦争の頃、アメリカの産業界は企業合併の嵐が吹き荒れていた。金融王モルガン、鉄鋼王アンドリュー・カーネギー、石油王ジョン・ロックフェラー、鉄道王コーネリアス・ヴァンダービルトら大資本家が、関連する中小企業を統合していったのだ。

この時、テスラを支援していたウェスティングハウス社も買収された。新たな経営陣から突きつけられた条件は、テスラに支払う高額な特許契約の破棄だった。ウェスティングハウスから苦境を打ち明けられたテスラは契約書を破り捨てる。厳しい時に自分を助けてくれた恩を忘れなかったのだ。しかし、この時失った一〇〇〇万ドル以上の特許料があれば、「世界システム」はもちろん、実現しなかった発明が日の目を見たかもしれない。

二〇〇七年六月七日、マサチューセッツ工科大学の研究チームは無線送電で約二メートル離れたところにある六〇ワットの電球を点灯させる実験に成功した。開発者のマリン・ソーリャチッチ教授は、この技術を「ワイヤレス（wireless）」と「電力（electricity）」を合わせて「ワイトリシティ（WiTricity）」と名づけている。

同実験のポイントは、電力の送信側と受信側を同じ周波数で共振させることにある。共振周波数が同じ二つの物体はエネルギーを効率的に交換でき、しかも他の物体との相互作用が非常に弱いため、間に障害物があっても遮断されることはない。また、電力の送受信を仲介する非放射電磁界を作り出すことで、エネルギー効率が向上する。近い将来、インターネットと同じように、電力もWifiで送電できる時代がやってくるのだろうか。そうなれば、まさにテスラの「世界システム」そのものである。

P&G創業者の子孫と「フリーエネルギー」

テスラが「世界システム」で実現しようとしたのが、フリーエネルギーである。フリーエネルギーとは入力に必要なエネルギー以上に出力されることで、永遠にプラスとなるものだ。

二〇一一年公開のドキュメンタリー映画『スライヴ』は地球外知的生命体、ミステリーサークルなど共にフリーエネルギーを扱っており、テスラも登場する。同映画は、P&G創業者の直系子孫フォスター・ギャンブルが、私財を投じて製作した。彼はスクールバスの窓から不思議な渦巻き模様を見た体験から、宇宙エネルギーに関心を持つようになる。そして、プリンストン大学に学び、親の期待を裏切って研究者の道を歩んだ。

彼は研究の末、あらゆるエネルギーはトーラス状に流れていると結論づけた。トーラスとは、空間内の一平面上でたがいに交《まじ》わらない円と直線があった場合、その直線を軸として平面を一回転させた時に円が描く曲面のことで、「輪環面《りんかんめん》」「円環面《えんかんめん》」とも言う。身近なところではオレンジやリンゴの断面、自然現象では竜巻の動的性質、地球の磁場、渦巻銀河などに見られる。

ギャンブルによれば、地球は太陽系に属しており、太陽系は銀河系の一部であり、銀河系は星団に属し、星団は超星団に属し……というように、宇宙には無限のトーラスが広がっている。また、トーラス内部の骨格となるのが、ベクトル平衡体《へいこうたい》（立方八面体）であり、これが宇宙に遍満《へんまん》する自然エネルギーの基本的な流れを表しているという。

不思議なことに、トーラスとベクトル平衡体によってできた、六四個の四面体からなる図形は世界各地で発見されている。たとえば、エジプトのオシリス神殿の壁の図形、中国・北京《ペキン》の紫禁城《しきんじょう》の獅子像の毬《まり》に描かれた図形、インドのシーク教総本山の黄金寺院、トルコ・エフェソスのアルテミス神殿などに見られる。

同映画によれば、フリーエネルギーはすでに開発されているという。次の三例が挙げられている。

たとえば、発明家アダム・トロンブリーは、テスラの研究からヒントを得て、装置を回転させることで惑星類似の磁場を作り出し、空気から電気を取り出す直流発電機の開発に成功したという。彼は国連やアメリカ上院に招かれて講義したこともあったが、ジョージ・H・W・ブッシュ政権時に強制捜査を受けて発電機は没収されてしまったらしい。

また、発明家ジョン・ベディーニもテスラの研究からヒントを得て、入力エネルギーよりも多くのエネルギーを生み出す充電装置を発明。この装置を低価格で売り出すと発表したところ、襲撃されて販売しないよう脅迫されたという。

このほか、発明家ジョン・ハチソンは、同じくテスラの研究を参考に、重力に逆らい物体を浮かび上がらせる実験に成功したが、何度も強制捜査を受け、装置は押収されてしまったという。いずれにせよ、すべてテスラの研究がもととなっている。

軍艦が消えた「フィラデルフィア実験」

アメリカの市民権を得たテスラは愛国心が芽生えていたようで、戦争の足音が聞こえると、無人・無線操縦の潜水艦に爆弾を搭載し、敵艦に体当たりする戦略をアメリカ海軍に提案した。この兵器が六隻あれば一時間以内に敵艦隊を壊滅でき、その費用は五万ドルと説明したが、受け入れられなかった。

一九三一年、彼はテスラコイルを使用して軍艦の船体をレーダー上から消す「レインボー・プロジェクト」をアメリカ海軍に提案する。今度は採用された。

通常、船体消磁《しょうじ》(不必要な磁気を取り除くこと)には、電磁石が使われる。船体にコイルを巻きつけて大量の電流を流して磁場を作り、艦船が発する磁場を消すわけだ。しかし、巨大な軍艦ともなれば(実験に使用された駆逐艦エルドリッジは全長九三メートル、排水量一二四〇トン)、コイルを巻きつけるのは容易なことでない。そこで、エネルギーの大きい高周波を使って一気に消磁する方法が検討され、テスラが総責任者に指名された。有名な「フィラデルフィア実験」である。

しかしテスラは、三基のテスラコイルを同時に作動させると共鳴現象を起こし、周囲に有害な高周波をまき散らすことを予測。その結果、甚大な被害をもたらす可能性があると指摘し、実験は時期尚早と反対したようだ。そのためか、実験の前年に総責任者を辞任している。後任には物理学者ジョン・フォン・ノイマンが就いた。

実験は第二次世界大戦中の一九四三年一〇月二八日（八月一二日の説あり）、フィラデルフィアの海上で行なわれた。スイッチを入れると、エルドリッジはレーダーから消えた。その直後、美しい緑色の光が霧のように立ち込め、ドーム状に船体を包み込んだ。周囲にはオゾンのような匂《にお》いが漂い、シュルシュルと羽音のような音が聞こえると、船内で激しく電気がスパークした。船体がすこし空中に浮き上がると、見る見るうちに透明化し、大勢の軍人や科学者が見守るなか、忽然と姿を消した。

数分後、エルドリッジはもとの場所に姿を現した。しかし、その姿は数分前とは大きく異なっていた。まず、メインマストのアンテナは高熱で熔《と》けたように崩れていた。艦内に入ると、そこは惨状だった。乗員は体が燃えて炭化したり、体が溶《と》けて衣服だけになっていたり、凍りついたりしていた。半身だけ透明化した死体や船室の壁に埋め込まれた死体もあった。厚い鉄板に囲まれた機械室の中にいた乗員には外傷がなかったが、精神的な錯乱状態にあった。最終的には死者・行方不明一六人、精神異常六人を数えた。

不思議なことに、エルドリッジは、直線距離にして南南西に三四〇キロ離れたノーフォークの軍港でも目撃されていた。フィラデルフィア海上で消えた時間は数分だったにもかかわらず、ノーフォークでは六時間も停泊していたとの証言がある。

アメリカ海軍は実験の目的を達したとして、戦争中だったこともあり、外部に漏れないよう緘口令《かんこうれい》を敷いた。しかし一九五六年頃、実験を一部始終見ていたと言うカルロス・マイケル・アレンデと名乗る人物が、作家モーリス・ケッチャム・ジェサップに実験の詳細を記した書簡を送ったことで、明らかになった（アメリカ海軍は現在も認めていない）。

この惨事を科学的に検証してみたい。透明化した物体は固体・液体・気体に続く第四の状態、すなわちプラズマ化したと考えられる。艦船全体を覆った青白い光は、その際に起こった現象だろう。また、複数のテスラコイルが同時に作動することで電磁波交差が起こり、その時に生じた巨大プラズマエネルギーが艦内の惨状につながったものと思われる。なお、プラズマから発せられる高磁場が脳波に影響をおよぼし、幻覚症状などの精神異常をもたらすことも実証されている。

「3・6・9」の謎

一九四三年一月七日、テスラは住居としていたニューヨーク・マンハッタンのニューヨーカー・ホテル（現・ウィンダム・ニューヨーカー・ホテル）で八六歳の生涯を終えた。家族を持たなかった彼は、部屋に来る鳩をかわいがっていた。部屋の窓は昼夜を問わず開け放ち、鳩が自由に出入りできるようにしたという。なかでも、白色のメスをかわいがっていた。その鳩が死んで、それほど経たずにテスラも亡くなったようだ。死因は心臓発作とも冠動脈血栓症とも言われているが、暗殺説もある。

ベッドの亡骸《なきがら》を見つけたホテルの従業員は、警察に通報した。その後、ＦＢＩ（連邦捜査局）は、部屋の金庫にあった書類や設計図を持ち去り、複製するとセルビアに返還したと言われている。その一部は現在、ニコラ・テスラ博物館に保管されており、二〇〇三年にユネスコ記憶遺産に登録された。

ＦＢＩが複製したということは、テスラの発明・発見を貴重と考えたからであろう。その中には、いまだ未開発の技術もあると言われている。

最後に、テスラが遺した言葉を紹介しよう。テスラは生前「３・６・９という数字の重要性を知れば、宇宙への鍵を握ることになる」と述べている。彼は建物に入る前に周囲を三周したり、ホテルの部屋も三で割り切れる番号を選んだり（亡くなった部屋は三三二七号室）、一八枚のナプキンで皿を拭《ふ》いたりするなど、３・６・９という数字を重要視した。

なぜ3・6・9は特別なのか？　一例を挙げよう。まず1〜9の倍数を9個出してみる（小学生で習う九九《くく》である）。

1の倍数：1、2、3、4、5、6、7、8、9
2の倍数：2、4、6、8、10、12、14、16、18
3の倍数：3、6、9、12、15、18、21、24、27
4の倍数：4、8、12、16、20、24、28、32、36
5の倍数：5、10、15、20、25、30、35、40、45
6の倍数：6、12、18、24、30、36、42、48、54
7の倍数：7、14、21、28、35、42、49、56、63
8の倍数：8、16、24、32、40、48、56、64、72
9の倍数：9、18、27、36、45、54、63、72、81

これを、数字を一桁になるまで合計する。たとえば12→1＋2＝3、49→4＋9＝13→1＋3＝4となる。

1の倍数：1、2、3、4、5、6、7、8、9
2の倍数：2、4、6、8、1、3、5、7、9
3の倍数：3、6、9、3、6、9、3、6、9
4の倍数：4、8、3、7、2、6、1、5、9
5の倍数：5、1、6、2、7、3、8、4、9
6の倍数：6、3、9、6、3、9、6、3、9
7の倍数：7、5、3、1、8、6、4、2、9
8の倍数：8、7、6、5、4、3、2、1、9
9の倍数：9、9、9、9、9、9、9、9、9

もう、おわかりだろう。3・6・9では3・6・9のいずれかが並び、それ以外の数字では1〜9が並ぶのだ。3・6・9による〝数字の不思議〟は他にもあり、「3・6・9の法則」などと呼ばれることもあるが、テスラの真意を解き明かすには至っていない。それを解き明かすことができた時、新発見や新技術が生まれるのかもしれない。

第五章

伝承

第12話——現代によみがえった吸血鬼

詩人バイロンの怪奇談義

「世界三大怪人」と言えば、狼男《おおかみおとこ》、ドラキュラ（吸血鬼）、フランケンシュタインだが、このうち吸血鬼とフランケンシュタインは、イギリスの詩人バイロン卿ことジョージ・ゴードン・バイロン（一七八八〜一八二四年）が主催した怪奇談義から生まれた。

一八一六年、バイロン卿はイギリスを離れ、スイスのレマン湖畔の館で主治医ジョン・ポリドーリと暮らしていた。ポリドーリはバイロンの同性愛の相手とも言われている。そこへ、バイロンの愛人クレア・クレモント、詩人パーシー・ビッシュ・シェリー、のちに彼の妻となるメアリー・ゴドウィン（クレモントの姉、ただし血縁関係はなし。のちに小説家）が訪ねてきた。ちなみに、シェリーに関しては「第6話 ドッペルゲンガーを目撃した有名人」で触れた通りだ。

この年は前年の火山噴火の影響で、「夏のない年」と呼ばれるほど、肌寒い日が続いて

上／セルビア・メドヴェジャ村の墓地。下／メドヴェジャ村の吸血鬼事件をまとめた「フリュッキンガー報告書」のコピーを手に説明する、吸血鬼研究者イヴァン・ネシッチ氏

いた。長雨で館から出られず、暇を持て余していた五人は、それぞれ怪談話を作って発表しようと盛り上がる。これが、ホラーファンに知られる「ディオダティ荘の怪奇談義」である。この時に披露された話がベースになって、結婚後メアリー・シェリーの名で発表されたのが、小説『フランケンシュタイン（原題・フランケンシュタイン、あるいは現代のプロメテウス）』である。いっぽう、バイロンが創作したエピソードをもとに、ポリドーリが小説『吸血鬼』を完成させ、バイロンの名前で発表した。

その後、一八二八年にイギリスの作家エリザベス・グレイが小説『骸骨伯爵――あるいは女吸血鬼』を発表。一八七二年にはアイルランドの作家ジョゼフ・シェリダン・レ・ファニュが、小説『カーミラ（邦題『女吸血鬼カーミラ』）』をイギリスで出版した。アイルランドの吸血鬼伝承がベースとなった同小説で表現された「貴族的で棺桶《かんおけ》で眠り、夜に活動する」「心臓を杭で打たれると死ぬ」などの特徴は、のちの吸血鬼小説に受け継がれていく。

これに影響を受けた同郷の作家ブラム・ストーカーが一八九七年に発表したのが、吸血鬼小説の傑作『ドラキュラ（邦題『吸血鬼ドラキュラ』）』である。なお、英語「Dracula（ドラキュラ）」の日本語訳が「吸血鬼」と誤解されることが多いようだが、ドラキュラとは同小説の主人公の名前であり、「吸血鬼」は「vampire（ヴァンパイア）」である。逆に言えば、それだけ同小説のインパクトは大きく、世界中に吸血鬼ブームを巻き起こした。

吸血鬼のモデル「串刺し公」

　ストーカーの小説『ドラキュラ』が大ヒットした要因は、場所と主人公の選定にある。小説の舞台となったルーマニアのトランシルヴァニア地方は、当時のイギリスでは未知の世界、言わば秘境の地で、読者にミステリアスなイメージを与えたのだ。

　そのイメージを増幅させたのが、主人公ドラキュラ伯爵のモデルとなったヴラド三世である。ヴラド三世は、一五世紀のルーマニアにあったワラキア公国の君主で、勇猛で知られた。オスマン帝国軍との戦いでは、敵軍二万人の捕虜を尻から口まで長い棒を刺して処刑して、城外にさらしたという。部下や領民にも同様の処刑を行ない、「串刺し公（ツェペシュ）」と呼ばれた。

　ヴラド三世のもう一つの呼称が、父の名に由来する「ドラキュラ」である。ハンガリー王からドラゴン騎士団に叙任された父ヴラド二世の異名が「ドラクル（竜公）」だったことから、その跡を継いだヴラド三世は「ドラキュラ（小竜公）」と呼ばれた。「ドラクル」

には「悪魔」の意味もあるため、ドラキュラを「小悪魔公」とする説もあるが、ヴラド三世自身が「ドラキュラ」と名乗り、サインも残されているので、「小竜公」で問題ないだろう。もちろん、彼を恐れた人々がそう呼んだ可能性はある。

このように多くの人から恐れられたヴラド三世だが、実際には吸血鬼の要素はまったくなかった。最終的にはオスマン帝国軍との戦いに敗れ、命を落とした。

現在、ルーマニアのトランシルヴァニア地方にあるブラン城は、「ドラキュラの城」として観光名所になっているが、実際には祖父のミルチャ一世の居城で、ヴラド三世は短期間滞在したにすぎない。しかし共産主義政権時代、チャウシェスク大統領は、オスマン帝国から祖国を守った英雄としてヴラド三世を宣揚し、彼にゆかりのあるブラン城を観光地化した。そして国を挙げた宣伝の結果、イギリスをはじめ、ミステリー好きの多くの観光客が訪れるようになった。ちなみに、ブラン城の麓の旧市街にあるヴラド三世の生家は現在、レストラン「ヴラド・ドラクルの家」となっており、「ドラキュラの家」として評判だ。

その後、「吸血鬼」をさらに広めたのが、ストーカーの小説を原作にしたアメリカ映画『魔人ドラキュラ』（トッド・ブラウニング監督／一九三一年公開）である。主演の吸血鬼役には、ハンガリー出身の俳優ベーラ・ルゴシが抜擢される。そして、ハンガリー訛《なま》りの英語を操り、華麗にマントをひるがえすキャラクターは、吸血鬼のビジュアルの原型となった。ちなみに、トランシルヴァニア地方は第一次世界大戦以前はハンガリー領であり、そのこともイメージの増幅に一役買っている。

ヨーロッパ最古の記録

ここまで、吸血鬼がどのように広まり、定着したかを述べてきたが、実は吸血鬼発祥の地はセルビアである。一七二五年、セルビアのキシリェボ村で起きた怪事件を記した文献に、ヨーロッパではじめて「吸血鬼（ヴァンパイア）」という単語が登場する。

セルビアは当時、ハプスブルク帝国（オーストリア）とオスマン帝国という二つの大国に挟まれ、またキリスト教カトリック・東方正教会・イスラム教という三つの宗教の境界線でもあった。キシリェボ村は、現在のルーマニア国境に近いセルヴェルノ湖のほとりにある小さな村で、当時はオーストリア領だった。

一七二五年、オーストリアの新聞『ウィーン日報』に、次のような記事が掲載され、プロイセンの新聞にも転載された。

「キシリェボ村のペタル・ブラゴイェヴィッチという男が死亡した。その埋葬後、同村では一〇週間で毎週一人ずつ（八日間で合計九人とする説もあり）、合計九人が続けて死んでいる。年齢はさまざまだが、全員が病気で倒れ、二四時間以内に亡くなっている。死ぬ間際に、『ブラゴイェヴィッチが夢枕に現れ、ベッドに身体を重ねてきて、首を絞めた』と言った。また、吸血鬼（ブラゴイェヴィッチのこと）の妻は『死んだはずの夫が現れて、靴が欲しいと言った。そのため村を去ることにした』という」

妻が村を離れようとしたのは当時、吸血鬼は近親者、すなわち配偶者・子供・親・兄弟のところへ現れると考えられていたからだ。そのため、家族の誰かが吸血鬼になった場合、被害を避けるには残りの家族は家を離れ、知らない土地に逃れるのが良いとされた。

もともと東欧のスラヴ地域には吸血鬼伝承があり、特にオスマン帝国に支配されていたバルカン半島諸国（セルビア、クロアチア、ルーマニア、ギリシアほか）では、生前悪事を働いた者や宗教的な罪を犯した者が死んでから吸血鬼となり、被害者もまた吸血鬼になるという共通点が見られる。

最終的に妻や村人の訴えを受けて、セルビア正教の司祭やカトリック司祭らの立ち合いのもと、ブラゴイェヴィッチの墓が掘り起こされた。棺桶を開けて遺骸を調査したところ、吸血鬼の特徴と考えられていた、次の条件をすべて満たしていた。

一、遺骸に死臭がしない。
二、鼻を除いて身体全体が生前のままだった。
三、髪や髭が伸びていた。
四、新しい爪が生えていた。
五、皮膚は剝《は》がれかけ、その下に新しい皮膚があった。
六、顔・手・足など、身体全体が生きているように整っていた。
七、口内に新鮮で固まっていない血（恐らく他人から吸ったもの）が残っていた。

「これらの条件が揃ったことから、吸血鬼封じの刑が処せられた。心臓に杭を打ち込んだところ、心臓・口・耳から大量に血が噴き出した。最後に火で焼かれ、灰となった」と記事は結んでいる。

なお、キシリェボ村は現在もその地にある。人口五五〇人ほどの小さな村は、「吸血鬼発祥の地」を売りにすることもなく、観光地化されていない。二〇〇八年に刊行された、フランスの小説家フレッド・ヴァルガスの犯罪小説『Un lieu incertain（未邦訳）』では、主人公が事件解決のために同村を訪れる場面がある。村では遅まきながら、「吸血鬼」による村おこしを考えているという。

メドヴェジャ村の吸血鬼事件

「吸血鬼（ヴァンパイア）」という言葉が最初に文献に登場したのは、キシリェボ村の怪事件だが、『オックスフォード英語辞典』に「vampire（ヴァンパイア）」という単語がはじめて掲載されたのは一八三四年のことだ。その解説には、一七三二年に報告されたセルビアのメドヴェジャ村の吸血鬼事件のことが記されている。

一七三一年、オーストリアの支配下にあったメドヴェジャ村で「吸血鬼が出没する」との報を受け、セルビア中部を管轄とする医師のグラセル博士が派遣された。グラセルは村人が次々に亡くなるのは伝染病によるものと判断していた。なぜなら、当時オスマン帝国でペストが流行し、オーストリア国内への伝染を防ぐため、幹線道路で検疫《けんえき》が行なわれていたからだ。なお、メドヴェジャ村の川を挟んだ南隣はオスマン帝国領だった。

村に到着したグラセルは早速、聞き取り調査を開始。六カ月間で一七人の老若男女が亡くなっていることが判明した。その報告書には「亡くなった村人は体温や肺などに症状は見られないが、獣《けもの》に襲われたような激しい痛み、胸膜炎のような症状を訴えていたようだ。吸血鬼に襲われたように思われる」とある。

疫病《えきびょう》でないとの結論に至ったグラセルは、墓地を掘り起こして検死を実施する。掘り起こした一〇基の墓の中に、村人たちが事件の発端とする女性ミリツァの墓があった。その遺体は死後七週間以上が経過しているにもかかわらず、身体は腐敗しておらず、鼻や口からは鮮血が出ていた。前述の吸血鬼の条件に一致する。ちなみに、彼女は生前「トルコ領に住んでいた頃、吸血鬼が殺して食べた羊の肉を食べたことがある」と話していたという。

グラセルの調査報告は、ハプスブルク帝国の皇帝カール六世を動かす。一七三一年、セルビア全土を管轄する医師ヨハン・フリュッキンガー博士は皇帝の命を受け、他の医師や将校と共に派遣されたのだ。この時、グラセルも同行している。

フリュッキンガーら派遣団五人は聞き取り調査を終えた日の午後、村の長老に案内されて墓地を訪れた。この時も墓を掘り起こして検死を実施している。いくつかを当時、全ヨーロッパにセンセーションを巻き起こした報告書から抜き出してみる。

ミリツァ（女性六〇歳）／死亡は約九〇日前。三カ月間病気で寝込んだあとに死去。胸郭に多量の出血が認められる。他の内臓は健康な状態。解剖に立ち会った村人たちは、死体がふくよかで完全な状態だったので非常に驚いていた。若い頃から彼女を知る村人は、「生きている時はやせていた。墓場に入ってから、吸血鬼が殺して食べた羊の肉を食べたからだろう」と言っていた。

スタナ（女性二〇歳）／死亡は二カ月前。出産後、三日間寝込んだあとに死去。生前、本人が吸血鬼の血を身体に塗ったと話していた。出産後まもなく死んだ嬰児《えいじ》は埋葬されていたが、半分犬に食べられていた。スタナと嬰児は共に吸血鬼になっていた可能性が高い。彼女の遺体はほとんど腐敗しておらず、胸腔に血管外の大量出血が見られた。胃壁の動脈内、静脈内の血液は固まっていなかった。肺・肝臓・胃などの臓器は健康体と変わらなかった。手足の皮膚や爪は剝《は》がれ、新しい爪と皮膚が生えてきていた。

スタンチェ（男性六〇歳）／死亡は六週間前。他のケースと同様、胸郭と胃に大量の鮮血があった。身体全体に前述した吸血鬼の症状が現れていた。

報告書によれば、一七体の死体のうち一二体までが吸血鬼化していたという。そして、すべての始まりはパヴレ・アルナウト（英語表記はパウロ・アーノルド）からであると結論づけている。その概要を記そう。

「パヴレ・アルナウトが干し草の荷車から落ち、首の骨を折って亡くなった。埋葬から二〇〜三〇日後、死んだはずのパヴレから危害を加えられたという村人が現れた。そして四人が殺害された。村の長老の指導のもと、パヴレの遺体が掘り起こされた。遺体は死後四〇日経っても腐敗していなかっただけでなく、目・耳・鼻・口から鮮血が流れていた。また手足の爪は剥がれ、新しい爪が生えてきていた。これらから吸血鬼と判断し、心臓に杭を打ち込むと、死体はうめき声を上げ、多量の血が噴き出した。その日のうちに火葬すると、灰を墓に入れた。犠牲になった四人にも同様の処置を施した」

パヴレは一七二七年頃に国境警備兵としてメドヴェジャ村に赴任し、村で結婚した。村人たちによれば、パヴレは生前「セルビアのオスマン帝国領の村で吸血鬼に襲われたことがある」「自分が吸血鬼にならないように吸血鬼の墓の土を食べ、吸血鬼の血を身体に塗った」などと語っていたという。これは吸血鬼化しないための対策のようだが、当時、誰もそんな方法は知らなかった。

こうして一七三二年にまとめられた報告書は同年、イギリスの『ロンドン・ジャーナル』誌やフランスの『グラヌール』誌で公表されると、大反響を呼ぶ。それは作家など芸術家に強いインスピレーションを与え、数々の作品が生まれる素地となった。

セルビアの風習

二〇一九年、私は吸血鬼事件の現場を目で確かめるべく、メドヴェジャ村へと車で向かった。セルビアの首都ベオグラードから二〇〇キロほど南下したポヤテという小さな町で高速道路を降り、五〇分ほど国道を走ってトゥルステニック町まで行く。ここまで来れば、メドヴェジャ村までは目と鼻の先だ。県道で、一人の男性が笑顔で手を振っていた。セルビアの吸血鬼研究の第一人者イヴァン・ネシッチ氏（263ページ下段の写真）だ。ネシッチ氏は小学校の歴史教師としてメドヴェジャ村で暮らしている。

町内の見晴らしのいいカフェで自己紹介をすませると、ネシッチ氏は鞄《かばん》から大事そうに資料を取り出して、机の上に広げた。メドヴェジャ村の吸血鬼事件を調査した報告書のコピーである。いずれも一八世紀前半のもので、ラテン語で書かれていた。ネシッチ氏が指で示した箇所には「ヴァンパイア」という文字があった。

やがてトゥルステニック町の文化センターに勤務する研究仲間ダニーロ・ヴコヴィッチ氏も加わり、メドヴェジャ村の墓地に案内してくれることになった。トゥルステニック町は高層アパートが林立する近代的な街だが、メドヴェジャ村との境界付近を流れる西モラヴァ川を渡ると、急に道が狭くなり、家もまばらになった。やっと辿り着いた村は、一九世紀を思わせるたたずまいだった。

丘の中腹で車を降り、足元に気をつけながら墓地へと足を踏み入れる。黒い大理石や御《み》影石《かげいし》に亡くなった人の写真を埋め込んだ墓石が目につく。似顔絵を焼きつけたものもある。遺体は火葬せずに棺に入れ、そのまま土中深く埋める。墓地には、十字架型の墓石など一八〇〇年代の古い墓石が残っていたが（263ページ上段の写真）、どれが吸血鬼の墓であるかはわからないという。

ネシッチ氏とヴコヴィッチ氏は一通りの案内をすませると、吸血鬼とセルビアの風習について話してくれた。

セルビアのことわざ「一〇〇の村があれば一〇〇の風習が存在する」のように、土地によって風習や慣習が異なるが、セルビア全土でおおむね共通するのは埋葬前に遺体に針を刺すことだ。死者が吸血鬼にならないようにするためだという。ネシッチ氏の祖母が五年前に亡くなった時も、首に針を刺したという。

なかには、亡くなった人のかたわらで添い寝をするという、日本にも見られる風習もある。ロウソクの火が消えたり、動物が横切ったりすると、死者は吸血鬼になるとの言い伝えから、夜中もつきっきりで見守るのだという。また、死後四〇日経過すれば吸血鬼にならないと言われており、そのためか、日本のような四九日法要ではなく、死後四〇日付近の土曜日に近親者が集まり、故人を偲ぶ宴を設ける。

吸血鬼となった死者に対しては、棺桶の上から心臓のあたりに杭を打つ。これは吸血鬼を殺すためではなく、木製の底板に吸血鬼の体を固定し、夜の徘徊《はいかい》を止めるためだという。昔から、棘《とげ》のあるサンザシの木が魔除けに使われているので、私が「打ちつける杭はサンザシの木か」と聞くと、木製の杭なら何でもよいとのこと。また、吸血鬼の身体から足を切断するのは、復活した時に歩き回らないようにするためだという。

吸血鬼がニンニクを嫌うことはよく知られているが、セルビアを含めたバルカン半島では吸血鬼にかぎらず、邪気が家に入り込まないように臭気の強いニンニクが使われる。確かに、移動中も家の軒先にニンニクが吊るされているのを見かけたが、保存用に乾燥させているだけでなく、魔除けの意味もあったのだ。

ドラキュラとの違い

では、セルビアの吸血鬼と、作家ストーカーやハリウッド映画が作り上げたドラキュラとはどう違うのか。ネシッチ氏とヴコヴィッチ氏に聞いてみた。

まず、セルビアでは吸血鬼は男性だけで、女性は「魔女」の扱いになるそうだ。体形はがっしりした筋肉質で毛深く、無精髭《ぶしょうひげ》を生やしている。これは、ハリウッド映画などで見られる「貴族的」な容貌とはかなり異なる。また骨がなく、風船のような構造をしており、鋭利なもので刺すとしぼんでしまうという。何よりも意外だったのは、牙がないこと。だから、犠牲者の首には嚙《か》み傷がないのだ。

こうしてみると、セルビアの吸血鬼はハリウッド映画やマイケル・ジャクソンのプロモーション・ビデオ『スリラー』に出てくるゾンビに近いように感じる。

ところで、夫が吸血鬼になると妻が村を出ようとするのは、吸血鬼が近親者のところに現れるだけでなく、夜の営みを行なうことがあるからだという。妊娠した場合、その子どもには骨がなく、吸血鬼になる場合と吸血鬼キラーになる場合がある。吸血鬼キラーになると、誰が吸血鬼かを見ぬく能力を持ち、墓地でどれが吸血鬼の墓かがわかるらしい。

　ネシッチ氏によれば、自分の村で起こった吸血鬼事件を知ったのは偶然からだった。ある日、一人の男がテレビカメラを抱えて村を撮影していた。話を聞くと、男はドイツから来たジャーナリストで「吸血鬼の里」を取材しているという。この時はじめて、メドヴェジャ村が「吸血鬼発祥の地」だと知った。以来、セルビア全土から伝承や資料を集め、吸血鬼の研究に没頭しているそうだ。

　ここまで聞いたところで、ネシッチ氏が「実は一つお願いがあるのですが……」と切り出した。これからトゥルステニック町のローカルテレビに出演して、吸血鬼について語ってほしいと言う。ネシッチ氏によれば、吸血鬼発祥の地でありながら、多くの人がその事実を知らないばかりか、自分たちを変人扱いしているので、日本人の口から説明してほしいとのこと。私は急遽テレビ局に向かい、この村が吸血鬼発祥の地であり、今後ますます脚光を浴びるでしょうと語った。

　テレビ局をあとにした私たちは墓地から二〇分ほど歩き、丘に登った。この一帯は、かつて国境警備兵が配置させられていた場所のようだ。吸血鬼になったパヴレ・アルナウトもここに立ち、川向こうのオスマン帝国を見張っていたかもしれないと思うと感慨深い。

現在は西モラヴァ川沿いに町が広がっているが、当時の国境地帯はいつ戦闘が起こってもおかしくない状況下にあり、川の沿岸に町や村をつくることはなかった。だとすると、一八世紀のメドヴェジャ村はこの丘の向こう側にあったのかもしれない。ネシッチ氏はその方向を指差し、「向こうに見える丘の名前は『Vampilija（ヴァンピリヤ〈吸血鬼のエリア〉）』です」と言った。そこに吸血鬼が住んでいたのか、あるいはそこに墓地があったのかとも考えたが、名前の由来は定かでないそうだ。

吸血鬼サヴァ・サヴァノヴィッチ

二〇一二年、セルビアの新聞『テレグラフ』紙（一一月二七日付）に「Vampir（ヴァンピール〈吸血鬼〉）」の文字が躍った。同紙は――伝説の吸血鬼サヴァ・サヴァノヴィッチは、ザロジェ村で長年暮らしていた水車小屋が壊れたことで、住処《すみか》を求めて徘徊することが予想される。バイナ・バシュタ郡当局は厳重な警戒を求めた。地元では、吸血鬼対策としてニンニクや木製の十字架が飛ぶように売れている――と報じた。

実はセルビア国内では、前述のメドヴェジャ村の吸血鬼事件よりもサヴァ・サヴァノヴィッチのほうが、認知度は圧倒的に高い。吸血鬼と言えば、まず名前が挙がるのが、このサヴァ・サヴァノヴィッチなのだ。イラストを見ると、長身が多いセルビア人にしては小柄で、黒髪でわし鼻をしている。

しかしネシッチ氏によれば、吸血鬼サヴァ・サヴァノヴィッチは約一四〇年前の小説『蝶々』の著者ミラン・グリシッチが作った架空の存在だという。小説発表から月日が流れ、やがてフィクションのサヴァ・サヴァノヴィッチが実在する吸血鬼として、セルビア人に定着してしまったようだ。

この小説は一九七三年、ジョルジャ・カドイェヴィッチャ監督によって、ユーゴスラビア初のテレビ・ホラー映画『Leptirica（蝶々）』となった（当時セルビアはユーゴスラビア連邦を構成する共和国の一つ）。

ストーリーは一九世紀ののどかな田園風景を舞台に、村の若い男女の結婚話がゆっくり展開していく。吸血鬼サヴァ・サヴァノヴィッチは村人から恐れられている存在で、住まいとされる水車小屋は出てきても、その姿は見せない。羊飼いの娘が吸血鬼になるのは実際に起きた吸血鬼事件がもとになっており、吸血鬼が蝶に化身するのは土地の伝承を踏まえたものだ。

このように吸血鬼発祥の地セルビアでは、吸血鬼はハリウッド映画や小説とは異なり、素朴で土の匂いがする。それゆえ恐ろしいとも言える。なお、サヴァ・サヴァノヴィッチの住む水車小屋は映画ではロガチッツァ川の「ヤゴディッチ家の水車」となっているが、これは実在のもので現存している。

第13話――ユダヤ教の人造人間ゴーレム

動く泥人形

ゴーレムとはユダヤ教の伝承に出てくる動く泥人形のことで、作った主人の命令を忠実に守るとされている。言わば人造人間だ。ヘブライ語では「形のないもの」「未完成のもの」を意味し、ユダヤ教の経典では「胎児」を指す。大きさについては諸説あるが、数メートルというのが一般的だ。作り方は後述するが、作ることができるのはユダヤ教の宗教的指導者ラビのみである。

このゴーレムを実際に作ったと言われているのが、ラビ・レーヴ（一五二五〜一六〇九年）だ。レーヴは本名をイェフダ・レーヴ・ベン・ベザレルと言い、ポーランドのポズナニに生まれた。ベン・ベザレルとは「ベザレルの息子」を意味し、父もラビだった。一族にはユダヤ教に関係が深い人物が多く、伯父は神聖ローマ帝国のラビであり、兄弟には有名な「タルムード（ユダヤ教の聖典）」を研究する学者がいた。

レーヴはモラヴィア地域（現・チェコの東部地方）の首席ラビを務めたあと、プラハ（現・チェコの首都）でラビとなった。一五九二年二月二三日、レーヴが神聖ローマ帝国の皇帝ルドルフ二世の前でカバラ（ユダヤ教の神秘思想）について進講したことが記録に残っている。

上／特徴的な切妻屋根を持つ旧新シナゴーグ。下／ぶどうと獅子をあしらったラビ・レーヴの墓

皇帝ルドルフ二世は「第7話　六五〇人の処女を生贄にした伯爵夫人」でも触れたが、政治に関心が薄く、芸術を愛し芸術家を庇護しただけでなく、占星術や錬金術に強い関心を示した。ルドルフ二世が居住したプラハ城の一画には「黄金小路《おうごんこうじ》」と呼ばれる通りがあり、当時、錬金術師が多く住んでいたという。錬金術とは化学的方法で卑《ひ》金属を貴金属、とりわけ金に変えようとする技術だ。また、不老不死の秘薬を作り出そうともした。

プラハ城周辺は今も当時の雰囲気を色濃く残しており、ヴルタヴァ川（モルダウ川）にかかるカレル橋から同城を眺めると、中世にタイムスリップしたような錯覚に陥る。そのまま旧市街を歩いて、宗教改革の先駆者ヤン・フス像が建つ広場に向かう。その裏手はかつてゲットー（ユダヤ人の指定居住区域）だったヨゼフォフの入口にあたる。

一帯にはマイゼル・シナゴーグ、ピンカス・シナゴーグ、クラウス・シナゴーグ、スペイン・シナゴーグなど、多くのシナゴーグ（ユダヤ教の会堂）がある。ユダヤ人にとって、シナゴーグは聖なる場所というだけでなく、生活の中心であり、教育の場でもある。

本項の舞台である旧新シナゴーグ（283ページ上段の写真）もここにある。一二七〇年に建立されたヨーロッパ最古のシナゴーグはもともと「新シナゴーグ」と呼ばれていたが、その後に新たなシナゴーグができると、「旧」が加えられ、旧新シナゴーグとなった。

内部に入ると、中央には立派な説教台があり、奥まったところにはダビデの星を刺繍《ししゅう》した青い布で覆われたラビ・レーヴの椅子が大切に置かれている。彼の死後、ここに座った者はいないそうだ。それだけ、レーヴが尊敬されているのだろう。

ラビ・レーヴの魔術

皇帝ルドルフ二世に話を戻そう。ルドルフ二世はユダヤ人差別を撤廃し、ユダヤ商人を優遇したことで知られる。しかし、ある時プラハのユダヤ人を追放する決定を下した。

このことを知ったレーヴは直訴を試みる。馬車に乗った皇帝が橋を渡ろうとした時、その前に立ちふさがった。護衛の者は追い払おうとしたが、レーヴは動かない。怒った護衛の者が石や土塊《つちくれ》を投げつけたところ、それらは空中で花びらに変わりひらひらと舞い落ち、彼らは金縛りにあったように動けなくなったという。そして、レーヴが馬車の前にひざまずいて切々と訴えると、皇帝は追放令を取り下げたのだった。

レーヴの魔術に魅《み》せられたルドルフ二世は彼を城に招くと、『旧約聖書』に登場する太祖アブラハム、イサク、ヤコブに会わせてくれないかと依頼する。皇帝の頼みとあっては断ることもできず、レーヴは一つの条件をつけて承諾した。その条件とは、聖霊が現れている間はけっして笑わないことである。皇帝は承諾した。

やがてレーヴの魔術によって、暗闇からアブラハム、イサク、ヤコブが次々に現れた。皇帝は息を殺して見ていたが、ヤコブの子ども二人が息急《いきせ》き切って走ってくるのを見た時、その仕草がユーモラスだったので、つい笑ってしまった。その瞬間、城が激しく振動し、天井が下がってきた。皇帝をはじめ、その場に居合わせた者たちはレーヴに助けを求める。彼が呪文を唱えると、ピタリとやんだという。

ゴーレムが動いた！

レーヴは実際にゴーレムを作ったとされるが、それはどのようなものだったのだろうか。伝承を要約してみよう。

当時、プラハでは毎晩のようにゲットーに死体を投げ込まれる事件が起きていた。何者かがユダヤ人を陥《おとしい》れるために行なっていることは明らかだった。事態を重く見たレーヴが神に深く祈りを捧げたところ、ゴーレムを作れとの天啓を受ける。

それからまもないある朝四時頃、レーヴは娘婿と弟子を連れてヴルタヴァ川に出かけた。三人は白装束に身を包み沐浴《もくよく》して身を清めると、川の泥を集めて人形を作った。手や足から顔の細部まで念入りに人間に似せた。身長は三エレ（一エレ＝約一・一四メートル）もあったという。そして口に護符を入れた。

ゴーレムの製造には土・水・火・風の四大元素が不可欠で、さらに水・火・風の秘術を施さねばならない。三人は仰向けに寝かせた人形の足元に立ち、まずレーヴから火の秘術を授けられた娘婿が呪文を唱えながら時計回りに歩く。一周すると泥が乾き、三周すると熱を帯び、七周すると白い光を放った。

次に、水の秘術を授けられた弟子が一周すると、人形から光が消え、三周すると湿《しめ》り気を帯びて湯気が立ち上った。まもなく爪が伸び、頭に毛が生え、皮膚に光沢が出てきた。最後に風を体現したレーヴが七周したあと、三人は「神、生気をその鼻に吹き入れたまえり、人すなわち生ける者となりぬ」と唱和した。『旧約聖書』の『創世記』の一節である。

すると人形は両目をカッと見開き、すくっと立ち上がった。レーヴが服を着せ、「ヨセフ」と名づけて家に連れ帰った。ゴーレムは言葉は理解できても、話すことはできない。それでも指示を出すと、時に失敗もしたが、薪《まき》割《わ》りや掃除、シナゴーグの鐘を鳴らしたり、留守番をしたりと、下僕としてよく働いた。

ある時、ゲットーに働きに来ていた女性（キリスト教徒）が消息を絶った。ゲットーのユダヤ人の中には、女性はユダヤ教の儀式に使う生き血を得るために殺されたと証言する者が現れた。レーヴはそれが嘘であることを証明するために、女性を見つけるようゴーレムに命じる。ゴーレムは何日もかけて歩き回ると、見事女性を見つけた。

以降、キリスト教徒とユダヤ教徒の融和がなされると、レーヴはゴーレムの使命は終わったと感じた。ゴーレムを眠らせると、三人で呪文を逆に唱え、口から護符を取り出した。そして作った時とは逆の順番・逆回りに三人が七周すると、土の塊に戻ったという。

これらの伝承をもとに製作されたのが、一九二〇年公開の映画『巨人ゴーレム』（パウル・ヴェゲナー監督）である。

製造方法

ゴーレムの作り方は、錬金術の一つで「言語錬金術」と言われるものだ。カバリスト（ユダヤ教の神秘主義者）たちは、文字や数字にはそれぞれ力が秘められており、それらを組み合わせることで神と同様に創造の力が得られる、すなわち言葉から生命を生み出せると考えていた。ラビの中には、ゴーレムを作ったレーヴのように人間をつくった者もいたという。

具体的な作り方に関しては、律法学者ラビ・アキバが一二〇年頃にまとめたとされるカバラの基本経典『セーフェル・イェツィラー（形成の書）』に詳しい。同書には、山で掘り出したばかりの土を捏《こ》ねて、体のパーツごとに異なる呪文を唱えながら人間の形を作り、周囲を時計回りに回る——と書かれている。この時、回る方向をまちがえると土に戻ってしまうという。

しかし一般的には、一七世紀の民俗学者クリストフ・アルノルトが記録したものがよく知られている。アルノルトによれば、カバリストが呪文を唱えたあと、数日間の断食に入り、土から人形を作る。その時、人形の額《ひたい》に「真理」を意味するヘブライ語「אמת (emeth)」が書かれた羊皮紙の護符を貼る（もしくは口に入れる）。ちなみに「אמת」から「א (e)」を取ると、「死」を意味する「מת (meth)」となり、これをゴーレムの額に貼る（口に入れる）と動かなくなる。さらに、人形の体には「神の名前」を意味するヘブライ語「שם המפרש (Shem-ha-mephorash)」を刻まねばならない。

この「Shem-ha-mephorash（シェム・ハ・メフォラシュ）」は、『旧約聖書』の『出エジプト記』と深い関係がある。『出エジプト記』は、預言者モーセが奴隷にされたイスラエル人を率いてエジプトから脱出する全四〇章の物語だ。同書でもっとも知られている第一四章の一九節を右から左に記し、その下に二〇節を左から右に記し、その下に二一節を右から左へと記す。そして、これを縦に読むと、「AKA（長い辛苦）」「HZI（慈悲深い）」「IZL（歓喜）」、「PHL（解放）」など三文字の言葉になる。さらに、この末尾に「al」「yh」「el」などの神格をつけると、天使の名前が完成する。ゴーレムの体にはこのような七二の言葉が刻まれていた。

ちなみに、この中で二一節の「モーセが手を海に向かって差し伸べると、主は夜もすがら激しい東風をもって海を押し返されたので、海は乾いた地に変わり、水は分かれた」（日本聖書協会『新共同訳聖書』）は、映画『十戒』（セシル・B・デミル監督／一九五六年公開）でおなじみの海が真っ二つに割れた「葦《あし》の海の奇跡」にあたる。

ルーツを探る

ギリシア神話の中には、ゴーレムのルーツと見られる青銅の怪物「タロス」が登場する。タロスとは、クレタ島の言葉で「太陽」の意味だ。タロスの役割はクレタ島を守り、外敵を近づけないようにすること。島に近づく賊船には巨岩を投げつけて破壊し、島に上陸した敵には赤く灼熱《しゃくねつ》した体で抱きついて焼き殺した。一日に三回島内を回り、監視したという。

誰がどのような目的で作ったかについては二つの説がある。一つ目が、全知全能の神ゼウスは、愛するエウロペをクレタ島に残して去るにあたり、鍛冶の神へファイストスに命じて作らせたという説だ。二つ目が、大工で発明家のダイダロスが、鋸《のこぎり》を発明した甥タロスを妬み殺害したものの、そのことを悔やみ甥を偲んで作ったという説である。

ギリシア神話を映画化した『アルゴ探検隊の大冒険』（ドン・チャフィ監督／一九六三年公開）の中でもタロスが出てくる。ストーリーを簡単に紹介すると、補給のためにクレタ島に寄港しようとするイアソン王子率いるアルゴ号は、タロスから攻撃を受けて上陸できずにいた。しかし、タロスにも弱点があった。踵《かかと》に打ってある青銅の釘《くぎ》を抜くと、全身の血液が流れ出てしまうのだ。そこで、イアソン王子の妻メディアは魔術を使ってタロスを眠らせると、釘を抜いて倒すことに成功した。

ゴーレムのルーツはギリシア神話だけではない。『旧約聖書』に出てくる最初の人間アダムこそゴーレムだとする考えがある。

『創世記』の一節――エデンの園に住んだアダムは、神ヤハウェから「善悪の知識の木の実」は食べてはならないと言われる。ところが、イヴは蛇（悪魔）にそそのかされてこれを食べたばかりか、アダムにもすすめる。やがて二人には羞恥心《しゅうちしん》が芽生え、イチジクの葉で腰を覆うようになる。約束を破った二人は、神に楽園から追放される――はよく知られている。

『旧約聖書』はユダヤ人にとっては唯一の聖典だが、そのうちモーセが書いたと言われる最初の五書を「トーラー」と言う。トーラーを『六法全書』にたとえるなら、判例集にあたるのが「タルムード」である。

このタルムードの中に、アダムがつくられてから楽園追放までを一二の時刻で解説している箇所がある。まず一時間目に泥が集められ、二時間目に塊《かたまり》となり、三時間目に手足が伸び始める。四時間目に神の息（霊）が吹き込まれ、五時間目に立ち上がる人物こそアダムである。確かに、ゴーレムの作り方とよく似ている。

ちなみに六時間目は、神に命じられてすべての生物に名前をつける。七時間目にイヴが妻となり、八時間目に二人は床に入り、床を離れる。九時間目に神から「善悪の知識の木の実」を食べてはならぬと言われ、一〇時間目に約束を破り、一一時間目に神の審判が下る。そして一二時間目に楽園から追放されるのだ。

ここで重要なのは、神との約束を破る前のアダムは「神の似姿」「神の写し」であり、

「天界の人間」「神の身体」と呼ばれる人間の原形であり、頭が天に届くほど巨人だったことだ。この理想の人間像を、カバラでは「アダム・カドモン」と呼んでいる。

ゴーレムが大きいのは、ここから来ている。つまりカバリストがゴーレムを作ろうとしたのは、神が人類を創造したことになぞらえてのことだったのだ。

錬金術師とホムンクルス

一六～一七世紀の医学では、人間の精子の中に小さな人間が入っているとして、これを「ホムンクルス」と呼んだ。ホムンクルスはヘブライ語でゴーレムと言い、『旧約聖書』の中に一回だけ「胎児」という意味で出てくる。またラテン語では「小人」を意味し、中世ヨーロッパでは錬金術師が作る小さな人造人間、またはその技術をホムンクルスと称した。

一六世紀の医師・錬金術師パラケルススはホムンクルスの製造に成功したと発表し、著書『ものの本性』の中でその方法を披露している。まず男性の精液に数種類のハーブや秘薬を加えて、蒸留器に密封する。四〇日ほどすると、腐敗した液体の中に透明な物質が生じ、これに人間の血液を毎日混ぜ合わせ、馬の胎内と同じ温度で四〇週間保温すると、小さな人間が生まれるというのだ。

しかしキリスト教世界では、この技術は創造神ヤハウェの領域に人間が足を踏み入れるものとして忌避された。現代のクローン技術に対して言われる倫理的問題がすでに提起されていたわけだ。

ホムンクルスについて記した書籍を、もう一冊紹介したい。一六一六年に刊行された、ヨハン・ヴァレンティン・アンドレーエの小説『化学の結婚』である。主人公クリスチャン・ローゼンクロイツは実在の人物で「薔薇十字団」の創立者と言われている。薔薇十字団はドイツで結成された神秘主義的秘密結社で「全世界の普遍的かつ総体的改革」などの文書を公表し、当時話題となった。

小説は天地創造の七日間を模した章構成になっており、復活祭の前夜、天使から王の結婚式の招待状をもらった八一歳の主人公ローゼンクロイツが城に行くところから始まる。招待客たちは魂の計量にかけられる。具体的には、広間に置かれた天秤で「信仰」「慈愛」「融和」「純潔」「忍耐」「謙譲」「節制」が量られるのだ。

そうして、大半の招待客は不合格となり、囚人として引っ立てられていく。ローゼンクロイツは合格すると、グリフィン（鷲の頭と翼、獅子の胴体を持つ伝説上の生物）が描かれた金羊毛《きんようもう》（ギリシア神話に登場する翼を持つ金色の羊の毛皮）が与えられる。ちなみに、これは錬金術の達人の象徴とされている。

　魂の計量に合格した者たちは船に乗せられ、四角い島にあるオリュンポスの塔へと案内される。そこでは六人の王族の死体を材料として、錬金術師がホムンクルスを作っていた。塔の一階から上階に向かって、流れ作業で錬金術が繰り広げられていく。

　七階の最終工程では、死体を溶かした液体を固めて作った卵が孵化《ふか》し、大きく育ったフェニックス（不死鳥）が焼かれて灰になっていた。これに水を加えて煮立てて粥状《じゅくじょう》にし、鋳型《いがた》に流して冷却すると、透明な男の子と女の子ができた。二人はあっというまに成長するが、意識はない。最後の儀式で、天井から一条の光が体を貫くと、二人は同時に目を開く。この二体のホムンクルスこそ、新たな時代を開く若き王と王妃だったのである。

　このように、薔薇十字団では、金《きん》よりも人間をつくることが重視された。神が創造した宇宙の神秘を解明し、道徳的・精神的に完成された人間を創り出すことを最大の目的とした。ということは、ホムンクルスは理想の人間へと姿を変える前のゴーレムと言えるかもしれない。

三三年ごとによみがえる

取材の帰り道、旧新シナゴーグに寄ってみた。ひっそりした建物の裏手に回ると、薄クリーム色の外壁に梯子《はしご》がかけられ、屋根裏部屋まで続いている。この屋根裏部屋には今もゴーレムが眠っており、三三年ごとによみがえると言われている。

その伝承を裏づけるような小説がある。作家グスタフ・マイリンクの小説『ゴーレム』（今村孝訳）だ。ただし、小説の中にゴーレムは登場しない。ストーリーは――主人公がゴーレム伝説を耳にした時、前回ゴーレムが現れてから三三年目にあたっていた。やがて男の周囲に次々と不思議な出来事が起こるようになる――というものだが、この三三年目というのが伝承をもとにしたものと思われる。

ゴーレムを作ったレーヴの墓は、プラハの旧ユダヤ人墓地にある。苔《こけ》むした墓石が倒れそうに身を寄せ合うなか、レーヴの墓はぶどうと獅子の装飾で飾られた立派なもので、かつての威光が偲ばれる（283ページ下段の写真）。墓前には多くの小石が積まれている。ユダヤ教では花の代わりに、不変不滅の象徴である小石を置くのだ。

レーヴは今もユダヤ人の間で尊敬されており、語り継がれている。であるならば、ゴーレムの伝承もまた語り継がれていくのだろう。

おもな参考文献

芥川竜之介『歯車 他二篇』岩波文庫 一九七九年
阿部秋生・秋山虔・今井源衛・鈴木日出男校注・訳『新編 日本古典文学全集21 源氏物語②』小学館 一九九五年
エドワード・ラジンスキー著、沼野充義・望月哲男訳『真説ラスプーチン 上・下』ＮＨＫ出版 二〇〇四年
片野優・須貝典子『図説 プラハ(ふくろうの本)』河出書房新社 二〇一一年
菊谷泰明『聖母マリアからのメッセージ』ＰＨＰ研究所 二〇〇九年
菊地秀行『トランシルヴァニア 吸血鬼幻想』日本放送出版協会 一九九六年
教皇庁 教理省著、カトリック中央協議会福音宣教研究室訳『ファティマ 第三の秘密』カトリック中央協議会 二〇〇一年
桐生操『血の伯爵夫人』新書館 一九九五年
グスタフ・マイリンク著、今村孝訳『ゴーレム』白水社 二〇一四年
コリン・ウィルソン著、宮川雅訳『ポルターガイスト』青土社 一九九一年
実藤遠『ニコラ・テスラの地震兵器と超能力エネルギー』たま出版 一九九五年
島田荘司『切り裂きジャック・百年の孤独』文春文庫 二〇〇六年
ジャン・デ・カール著、三保元訳『狂王ルートヴィヒ』中公文庫 一九八七年
ジャン・マリニー著、池上俊一監修、中村健一訳『吸血鬼伝説』創元社 一九九四年
スティーブ・ベリー著、富永和子訳『ファティマ 第三の予言』エンターブレイン 二〇〇七年

新戸雅章『知られざる天才 ニコラ・テスラ』平凡社新書　二〇一五年
ニコラ・テスラ著、宮本寿代訳『ニコラ・テスラ 秘密の告白』成甲書房　二〇一三年
ハイネ著、井上正蔵訳『歌の本 下』岩波文庫　一九七三年
パトリシア・コーンウェル著、相原真理子訳『真相〝切り裂きジャック〟は誰なのか？ 上・下』講談社文庫　二〇〇五年
フェリクス・ユスポフ公爵著、原瓦全訳『ラスプーチン暗殺秘録』青弓社　一九九四年
ブライアン・モイナハン著、白須英子訳『実録ラスプーチン 上・下』草思社　二〇〇〇年
ブラム・ストーカー著、平井呈一訳『吸血鬼ドラキュラ』創元推理文庫　一九七一年
マッシモ・グリッランディ著、米川良夫訳『怪僧ラスプーチン』中公文庫　二〇〇三年
マルタ・シャート著、西川賢一訳『美と狂気の王 ルートヴィヒⅡ世』講談社　二〇〇一年
安田貞治『聖母マリア像の涙』エンデルレ書店　二〇〇〇年
ヨーハン・ヴァレンティン・アンドレーエ著、種村季弘訳『化学の結婚』紀伊國屋書店　一九九三年
ラッセル・エドワーズ著、深澤誉子訳『切り裂きジャック　１２７年目の真実』ＫＡＤＯＫＡＷＡ　二〇一五年

Brittle, G.: *The Demonologist*, Graymalkin Media, 2013.
Craft,L.K.: *Infamous Lady (Second Edition)*, CreateSpace Independent Publishing Platform, 2014.
Heine H.: *Das Buch der Lieder*, Anaconda, 2005.
Playfair L.G.: *This House Is Haunted*, White Crow Books, 2011.

切りとり線

★読者のみなさまにお願い

この本をお読みになって、どんな感想をお持ちでしょうか。祥伝社のホームページから書評をお送りいただけたら、ありがたく存じます。今後の企画の参考にさせていただきます。また、次ページの原稿用紙を切り取り、左記まで郵送していただいても結構です。

お寄せいただいた書評は、ご了解のうえ新聞・雑誌などを通じて紹介させていただくこともあります。採用の場合は、特製図書カードを差しあげます。

なお、ご記入いただいたお名前、ご住所、ご連絡先等は、書評紹介の事前了解、謝礼のお届け以外の目的で利用することはありません。また、それらの情報を6カ月を越えて保管することもありません。

〒１０１-８７０１（お手紙は郵便番号だけで届きます）
祥伝社　新書編集部
電話０３（３２６５）２３１０
祥伝社ブックレビュー　www.shodensha.co.jp/bookreview

★本書の購買動機（媒体名、あるいは○をつけてください）

＿＿＿＿＿新聞の広告を見て	＿＿＿＿＿誌の広告を見て	＿＿＿＿＿の書評を見て	＿＿＿＿＿の Web を見て	書店で見かけて	知人のすすめで

★100字書評……ヨーロッパの都市伝説

名前

住所

年齢

職業

片野 優　かたの・まさる

ジャーナリスト。1961年、群馬県生まれ。東京都立大学法学部卒業。集英社退社後、オーストリア、ハンガリーを経てセルビアのベオグラード在住。著書に『ヨーロッパ環境対策最前線』『ここが違う、ヨーロッパの交通政策』『フクシマは世界を変えたか』等。

須貝典子　すがい・のりこ

旅行ジャーナリスト。1962年、新潟県生まれ。東京女子大学短期大学部卒業。集英社退社後、オーストリア等を経てセルビア在住。片野との共著に『図説プラハ(ふくろうの本)』『こんなにちがうヨーロッパ各国気質』『日本人になりたいヨーロッパ人』等。

ヨーロッパの都《と》市《し》伝説《でんせつ》
——歴《れき》史《し》と伝承《でんしょう》が息《いき》づく13話《わ》

片《かた》野《の》 優《まさる》　須《す》貝《がい》典《のり》子《こ》

2021年2月10日　初版第1刷発行

発行者………………辻 浩明
発行所………………祥伝社しょうでんしゃ
〒101-8701　東京都千代田区神田神保町3-3
電話　03(3265)2081(販売部)
電話　03(3265)2310(編集部)
電話　03(3265)3622(業務部)
ホームページ　www.shodensha.co.jp

装丁者………………盛川和洋
印刷所………………萩原印刷
製本所………………ナショナル製本

Printed in Japan　ISBN978-4-396-11621-7　C0239